应用型学前教育专业系列教材 | 丛书主编 蔡迎旗

第二版

本书是国家卓越幼儿园教师培养计划改革项目“中澳合作办学——国际性卓越幼儿园教师培养模式探索”的研究成果
本书是武汉市属高等学校2015年教学研究项目（项目编号：2015140）及2016年度省教育厅人文社会科学研究一般项目（项目编号：16G341）“校企合作与专业课程建设相结合的实践研究”的研究成果

幼儿英语教育与活动设计

杨进 编著

WUHAN UNIVERSITY PRESS
武汉大学出版社

图书在版编目(CIP)数据

幼儿英语教育与活动设计/杨进编著 .—2 版.—武汉:武汉大学出版社,2022.3(2025.1 重印)

应用型学前教育专业系列教材/蔡迎旗主编

ISBN 978-7-307-22912-9

Ⅰ.幼…　Ⅱ.杨…　Ⅲ. 学前教育—英语课—高等职业教育—教材
Ⅳ.G613.2

中国版本图书馆 CIP 数据核字(2022)第 026933 号

责任编辑:罗晓华　　　责任校对:汪欣怡　　　版式设计:韩闻锦

出版发行:**武汉大学出版社**　(430072　武昌　珞珈山)

(电子邮箱:cbs22@ whu.edu.cn 网址:www.wdp.com.cn)

印刷:武汉乐生印刷有限公司

开本:787×1092　1/16　印张:11.5　字数:259 千字　插页:1

版次:2016 年 7 月第 1 版　　2022 年 3 月第 2 版

2025 年 1 月第 2 版第 2 次印刷

ISBN 978-7-307-22912-9　　定价:33.00 元

编写委员会名单

（按姓名音序排列）

总　　序

幼儿教师是幼儿学习与发展的支持者、促进者与引导者。幼儿教师的素质直接决定着我国幼教机构的办学水平，也是保障我国适龄儿童接受基本而有质量的学前教育的关键性因素。而高质量的幼教师资来源于高水平的学前教师教育。为顺应我国学前教育事业发展的迫切需求，2011 年至 2012 年，我国先后颁布了《教师教育课程标准（试行）》和《幼儿园教师专业标准（试行）》，幼儿园教师资格制度和聘任制度也随之进行了一系列急剧变革与转型。

我国教师职前教育倡导育人为本，要求准教师们树立正确的儿童观、学生观、教师观与教育观；奉行实践取向，引导未来教师主动建构教育知识，掌握必备的专业知识与技能，发展实践能力，学会发现和解决实际问题，形成个人的教学风格和实践智慧；要求他们终身学习，树立正确的专业理想，养成独立思考和自主学习的习惯，加深专业理解，形成终身学习和应对挑战的能力。

我国学前教师教育课程改革既具有一般教师教育所具有的共性，也具有鲜明的学前教育特色，这彰显了学前儿童的年龄特征和我国独树一帜的学前教师教育的传统与积淀。当前，我国学前教师教育课程已呈现如下五种趋势。

第一，生动多样的师德与理念教育。除必要的公共政治课程以外，国家要求各级各类幼师院校突出师德修养教育，采取多种生动活泼的教育教学方式，提升准幼儿教师的师德修养。如开设幼儿园教师专业特点与道德规范、中国名师风采录、幼儿教师生涯讲座、学前教育政策法规、现代幼儿园教师职业风范与专长成长等课程。

第二，保教相融的课程体系。依据幼儿园教师专业标准，遵循教师培养和发展规律，以加强专业理想、专业基础、实践能力、反思与研究能力为核心，构建保育与教育相融合、幼儿园与家庭和社区教育相结合、幼儿生活与游戏和学习于一体的课程体系，用以培养准幼儿教师的保教一体化的能力。

第三，全面平衡的课程结构。我国正通过幼儿园教师资格制度、聘任制度、评优评先制度等的改革，倒逼各级各类幼师院校与专业，促使其纠正以往过分偏重艺术技能而相对忽视人文科学类课程、教育素养类课程的倾向，注意课程结构中的师德理念、人文素养、科学素养、信息素养、教育素养、艺体素养、科研素养等的协调与平衡。

第四，实践取向的课程内容。为培养准幼儿教师的教育教学能力，许多幼师院校与专业开设了大量务实的实践取向课程。如幼儿园五大领域的活动设计和案例分析类课程、幼儿园环境布置与玩教具制作、动漫画设计技术、音乐、美术、戏剧等方面的课程。

第五，模块式的课程设计。我国各类幼师院校与专业正竭力打破学前教育学、学前心理学、幼儿园各科教学法“老三门”的课程结构体系，开设模块化的、开放的、专题性的学前教育课程。基于学前教育专业各类人才培养目标，合理配置各课程模块，如音乐教育模块、美术教育模块、健康教育模块、特殊教育模块等。通过开设先行课，将学生导入不同模块课程，引导学生多样化、有个性地发展。

以上学前教师教育课程改革已对我国原有的传统意义上的大中专学校的教材和教辅资料提出了严峻挑战，要求学前教育同仁务必更新教学资源观、教师教育观和学前教师观，依据我国幼儿园教师专业标准和教师教育课程标准，遴选课程并合理设计教材。

本套基于《教师教育课程标准(试行)》的“应用型学前教育专业系列教材”，正是应我国学前教师教育改革的时势而生，充分体现了以上提及的学前教师教育课程改革的五种发展趋势。适用于大中专学校的课程与教学，也可作为学前教育爱好者、相关工作人员的专业拓展学习。本丛书涵盖了学前教育大中专学校绝大多数专业课程；内容具有一定的理论性，更具有实践应用的特征；编写规范与设计务实活泼，知识点和案例穿插其中；丛书的编委遍及全国；作者主要来自华中和华南地区的本、专科院校，他们均具有丰富的教学经验和较好的研究基础。

在本套丛书编写的过程中，我们参阅、借鉴和引用了国内外许多同行的观点与成果。各位同仁的研究奠定了本套丛书的学术基础，在此一并感谢。另外，受水平和时间所限，书中难免有疏漏和不当之处，敬请读者批评指正。

最后，我谨代表本套丛书的所有编委和作者，衷心感谢本套丛书的策划者谢群英编辑和武汉大学出版社的有关领导。他们对学前教育满腔热情，对丛书的未来充满信心，极度地敬业与审慎。出版丛书虽是一项浩大而艰苦的工作，但有谢群英编辑和武汉大学出版社相伴而行，相信梦想终会成真。

蔡迎旗

2015 年 12 月

武汉桂子山·华中师范大学教育学院

第二版前言

在幼儿学习第二语言的敏感期、关键期，幼儿英语教师担当着重要的角色，承载着幼小衔接乃至未来英语教育的重要责任和使命，幼儿英语教师专业化是提高幼儿英语教学质量的关键。目前我国幼儿英语教育还处在初级阶段，有必要研究和探讨幼儿英语师资专业化培养模式，从而提升幼儿英语教师的综合素养，以推动幼儿英语教育教学的科学性、有效性、实用性。

所谓幼儿英语师资专业化是指既掌握英语专业知识，又精通幼儿教育学、心理学以及幼儿英语教学理论且能够灵活运用于教学实践的专业人才。本书正是基于《幼儿园教师专业标准》及幼儿英语学习特点分析，从幼儿英语教学的基本理论入手，秉承高职教育原则——基础理论教学以应用为目的，以必需、够用为度。希望未来的教师要重视英语教学理论的学习，英语教学理论是成为一名优秀英语教师必须具备的基本素质，英语教师只有掌握好英语教学理论，并将理论和实践教学相结合，才能实现教学的目的。没有理论做支撑的教师，永远只能当教书匠。

新时期，为深入贯彻党的十八大、十九大精神，落实全国教育大会精神，全面贯彻党的教育方针，落实立德树人根本任务，发展素质教育，推进教育公平，以社会主义核心价值观统领课程改革，着力提升课程思想性、科学性、时代性、系统性、指导性，培养德智体美劳全面发展的社会主义建设者和接班人。

2016 年 9 月，中国学生发展核心素养总框架正式发布，中国学生发展核心素养是党的教育方针的具体化、细化。英语学科基于学科本质凝练了本学科的核心素养，即语言能力、学习能力、思维品质和文化意识，明确了学生学习该学科课程后应达成的正确价值观、必备品格和关键能力，对知识与技能、过程与方法、情感态度价值观三维目标进行了整合。

2020 年由教育部颁布了普通高中《英语课程标准》修订版。义务教育阶段基于核心素养培养的《英语课程标准》也即将颁布。作为英语教师，必须学习和领悟这一纲领性文件。为此，本书新增了第一章《英语课程标准》的解读。希望读者能将这一理念贯穿于整个英语教学中。

本书作为武汉市属高等学校 2015 年教学研究项目及 2016 年度省教育厅人文社会科学研究一般项目“校企合作与专业课程建设相结合的实践研究”的研究成果，具有以下特点：

第一，校企共同开发课程。《幼儿英语教育与活动设计》一书，作为与企业(幼儿园)共同开发的“幼儿英语教学法”课程的教学用书，从选题策划、章节内容选定，到书中课堂案例提供都与企业共同完成，接地气，旨在全面培养学生的英语课堂教学组织能力和英语教学活动设计能力，以满足幼儿园对幼儿英语教师的需求。

第二，语言简练。以提纲的形式呈现教学内容，重点突出课堂教学艺术和活动的指导，充分体现教、学、做一体化的高职教学理念，每个章节都有明确的培养目标和训练要求，学生能够“学中做、做中学”，更容易掌握所学的教学技能，并能在真实课堂中灵活运用，促进学生英语语言教学水平的提升和教学质量的提高，使他们运用科学的理论知识指导幼儿英语教学实践，提高其分析解决幼儿英语教育教学实际问题的能力。

第三，教学案例化。每个章节都配有充足的教学案例，通过教学案例，学生能够体验到教学的真实性并较容易地掌握技能运用的方法。以案例为主导，以问题为切入点，通过教学案例的分析，提高学生的教学反思能力。

第四，教学资源丰富。书中附录中提供了大量今后教学所需的教学素材、教学资源及网站，为教与学提供了极大的方便。

第五，突出实践性。每一章的最后一节都是本章教学的实训项目，在理论学习的基础上，将理论运用到实践中，充分考虑学生的个性发展，在实训内容上强调基本技能的训练，重在演练、讨论、点评和纠正，通过实践操练达到掌握该技能的目的。通过成绩评价表，学生自评、师生、生生互评相结合，了解每项活动的要求与完成情况，最终成为自己实际掌握的本领。

本书在编写过程中自始至终受到了武昌区乔登美语幼儿园杨柳园长、华中科技大学附属幼儿园付洁老师的大力支持和帮助，她们为本书的内容编写提供了宝贵的意见和建议，并积极提供相关教案和图片，作为我校校企合作的重要伙伴，在此表示衷心感谢。

这里还要衷心感谢武汉大学外国语学院李宛蔓、武汉城市职业学院周越对本书附录资料的收集和整理。对本书中参考、引用的中外有关参考文献的作者，一并表示衷心感谢。

《幼儿英语教育与活动设计》一书自出版以来，得到了武汉大学出版社编辑的大力支持和帮助，该书在使用过程中，广大读者也提出了很好的意见和建议，在此对各位使用本书的读者们表示真诚的感谢！

由于编者水平有限，本书肯定存在许多不足之处，恳请专家、同仁及学生提出宝贵的批评和建议。

杨进

2022 年元月

目　录

第一章　走进《英语课程标准》

本章导读

《义务教育英语课程标准》明确指出英语课程的工具性和人文性的双重属性，体现了英语课程对国家发展和学生发展的意义，在为学生打好学习英语基础的同时，提高语言运用能力。该标准是英语课程纲领性教学文件，是我们英语教师必须深刻理解、牢牢掌握和有效运用的。

第一节　《英语课程标准》概述

《英语课程标准》借鉴了国际上通用的分级方式，将课程的目标设为九个级别，力求体现不同年龄段学生的学习需求和认知特点，使英语课程具有整体性、灵活性和开放性。

通常幼儿阶段英语学习可以参照一级和二级目标。

一、关于课程性质

英语课程具有工具性和人文性双重性质。

就工具性而言，英语课程承担着培养学生基本英语素养和发展学生思维能力的任务，即学生通过英语课程掌握基本的英语语言知识，发展基本的英语听、说、读、写技能，初步形成用英语与他人交流的能力，进一步促进思维能力的发展，为今后继续学习英语和用英语学习其他相关科学文化知识奠定基础。

就人文性而言，英语课程承担着提高学生综合人文素养的任务，即学生通过英语课程能够开阔视野，丰富生活经历，形成跨文化意识，增强爱国主义精神，发展创新能力，形成良好的品格和正确的人生观与价值观。

工具性和人文性统一的英语课程有利于为学生的终身发展奠定基础。

二、关于课程基本理念

(一) 注重素质教育，体现语言学习对学生发展的价值

英语课程的主要目的是为学生发展综合语言运用能力打基础，为他们继续学习英语和未来发展创造有利条件。语言既是交流的工具，也是思维的工具。学习一门外语能够促进人的心智发展，有助于学生认识世界的多样性，在体验中外文化的异同中形成跨文化意识，增进国际理解，弘扬爱国主义精神，形成社会责任感和创新意识，提高人文素养。

(二) 面向全体学生，关注语言学习者的不同特点和个体差异

英语课程应面向全体学生，体现以学生为主体的思想，在教学目标、教学内容、教学过程、教学评价和教学资源的利用与开发等方面都应考虑全体学生的发展需求。英语课程应成为学生在教师的指导下构建知识、发展技能、拓展视野、活跃思维、展现个性的过程。由于学生在年龄、性格、认知方式、生活环境等方面存在差异，他们具有不同的学习需求和学习特点。只有最大限度地满足个体需求，才有可能获得最大化的整体教学效益。

(三) 整体设计目标，充分考虑语言学习的渐进性和持续性

英语学习具有明显的渐进性和持续性特点。语言学习持续时间长，将英语课程的目标设为九个级别，旨在体现各学段课程的有机衔接和各学段学生英语语言能力循序渐进的发展特点，保证英语课程的整体性、渐进性和持续性。英语课程应按照学生的语言水平及相应的等级要求组织教学和评价活动。

(四) 强调学习过程，重视语言学习的实践性和应用性

现代外语教育注重语言学习的过程，强调语言学习的实践性，主张学生在语境中接触、体验和理解真实语言，并在此基础上学习和运用语言。英语课程提倡采用既强调语言学习过程又有利于提高学生学习成效的语言教学途径和方法，尽可能多地为学生创造在真实语境中运用语言的机会。鼓励学生在教师的指导下，通过体验、实践、参与、探究和合作等方式，发现语言规律，逐步掌握语言知识和技能，不断调整情感态度，形成有效的学习策略，发展自主学习能力。

(五) 优化评价方式，着重评价学生的综合语言运用能力

英语课程评价体系要有利于促进学生综合语言运用能力的发展，要通过采用多元优

化的评价方式，评价学生综合语言运用能力的发展水平，并通过评价激发学生的学习兴趣，促进学生的自主学习能力、思维能力、跨文化意识和健康人格的发展。评价体系应包括形成性评价和终结性评价。日常教学中的评价以形成性评价为主，关注学生在学习过程中的表现和进步；终结性评价着重考查学生的综合语言运用能力，包括语言技能、语言知识、情感态度、学习策略和文化意识等方面。

(六) 丰富课程资源，拓展英语学习渠道

语言学习需要大量的输入。丰富多样的课程资源对英语学习尤其重要。英语课程应根据教和学的需求，提供贴近学生、贴近生活、贴近时代的英语学习资源。创造性地利用和开发现实生活中鲜活的英语学习资源，积极利用音像、广播、电视、书报杂志、网络信息等，拓展学生学习和运用英语的渠道。

三、关于课程总目标

英语课程的总目标是：通过英语学习使学生形成初步的综合语言运用能力，促进心智发展，提高综合人文素养。综合语言运用能力的形成建立在语言技能、语言知识、情感态度、学习策略和文化意识等方面整体发展的基础之上。语言技能和语言知识是综合语言运用能力的基础；文化意识有利于正确地理解语言和得体地使用语言；有效的学习策略有利于提高学习效率和发展自主学习能力；积极的情感态度有利于促进主动学习和持续发展。这五个方面相辅相成，共同促进学生综合语言运用能力的形成与发展。

以语言技能、语言知识、情感态度、学习策略和文化意识五个方面共同构成的英语课程总目标，既体现了英语学习的工具性，也体现了其人文性；既有利于学生发展语言运用能力，又有利于学生发展思维能力，从而全面提高学生的综合人文素养。

(一) 情感态度列为课程目标的意义

1. 语言与情感态度有密切关系

人类语言的重要功能之一是促进人际交往，人际交往就要涉及情感态度。

2. 情感态度对语言学习的结果有重要影响

强烈的学习动机、浓厚的学习兴趣、坚强的意志、自信心这些积极向上的情感有助于学生积极地参加语言学习。否则消极的情感就会影响学习。

3. 情感态度本身就是学生全面发展的一个重要方面

幼儿阶段是学生情感态度发展的重要时期。我们要帮助他们培养和发展积极向上的情感态度。

学生在英语学习过程中形成的各种情感态度，如动机、兴趣、自信、意志、合作

等，可以转化到其他的学习活动之中以及学生将来从事的工作和社会活动之中。

有些情感态度，如祖国意识和国际视野，在表面上与英语学习没有直接联系，但应该渗透到英语学习之中。

(二) 学习策略列为课程目标的意义

1. 使用学习策略能够提高英语学习的效果

做任何事都需要讲究策略，英语也不例外。研究显示，有效的学习策略不仅可以改进学习方式，提高学习效率，还可以减轻学习负担。

2. 发展学习策略有利于学生形成自主学习的能力

形成有效的学习策略是发展自主学习能力和终身学习的必经之路。

3. 培养学习策略有利于学生实现个性化学习

教师通过了解学生的学习策略，可以调整自己的教学策略和教学方法，从而提高教学效果。

(三) 文化意识列为课程目标的意义

(1) 文化意识指学生了解的中外文化知识。

(2) 文化理解指学生对中外文化及其差异的理解过程或理解能力。

(3) 跨文化交际意识指对外国文化与本国文化的异同的敏感度以及在使用外语时根据目标语文化来调整自己的语言理解和语言产出的自觉性。

(4) 跨文化交际能力指根据文化环境，在理解并尊重交际双方的文化背景的前提下，恰当、得体地使用语言进行交际的能力。

四、关于英语学科核心素养

学科核心素养是学科育人价值的集中体现，是学生通过学科学习而逐步形成的正确价值观、必备品格和关键能力。英语学科核心素养主要包括语言能力、文化意识、思维品质和学习能力。

(一) 语言能力

语言能力指在社会情境中，以听、说、读、看、写等方式理解和表达意义的能力，以及在学习和使用语言的过程中形成的语言意识和语感。

英语语言能力构成英语学科核心素养的基础要素。英语语言能力的提高蕴涵文化意识、思维品质和学习能力的提升，有助于学生拓展国际视野和思维方式，开展跨文化交流。

语言能力目标：具有一定的语言意识和英语语感，在常见的具体语境中整合性地运用已有语言知识，理解口头和书面语篇所表达的意义，识别其恰当表意所采用的手段，有效地使用口语和书面语表达意义和进行人际交流。

(二)文化意识

文化意识指对中外文化的理解和对优秀文化的认同，是学生在全球化背景下表现出的跨文化认知、态度和行为取向。

文化意识体现英语学科核心素养的价值取向。

文化意识的培育有助于学生增强国家认同和家国情怀，坚定文化自信，树立人类命运共同体意识，学会做人做事，成长为有文明素养和社会责任感的人。

文化意识目标：获得文化知识，理解文化内涵，比较文化异同，汲取文化精华，形成正确的价值观，坚定文化自信，形成自尊、自信、自强的良好品格，具备一定的跨文化沟通和传播中华文化的能力。

(三)思维品质

思维品质指思维在逻辑性、批判性、创新性等方面所表现的能力和水平。

思维品质体现英语学科核心素养的心智特征。

思维品质的发展有助于提升学生分析和解决问题的能力，使他们能够从跨文化视角观察和认识世界，对事物作出正确的价值判断。

思维品质目标：能辨析语言和文化中的具体现象，梳理、概括信息，建构新概念，分析、推断信息的逻辑关系，正确评判各种思想观点，创造性地表达自己的观点，具备多元思维的意识和创新思维的能力。

(四)学习能力

学习能力指学生积极运用和主动调适英语学习策略、拓宽英语学习渠道、努力提升英语学习效率的意识和能力。

学习能力构成英语学科核心素养的发展条件。学习能力的培养有助于学生做好英语学习的自我管理，养成良好的学习习惯，多渠道获取学习资源，自主、高效地开展学习。

学习能力目标：树立正确的英语学习观，保持对英语学习的兴趣，具有明确的学习目标，能够多渠道获取英语学习资源，有效规划学习时间和学习任务，选择恰当的策略与方法，监控、评价、反思和调整自己的学习内容和进程，逐步提高使用英语学习其他学科知识的意识和能力。

五、一、　二级分级目标的描述

级别	目标描述
一级	对英语有好奇心，喜欢听他人说英语。 能根据教师的简单指令做动作、做游戏、做事情(如涂颜色、连线)。 能做简单的角色表演。能唱简单的英文歌曲，说简单的英语歌谣。 能在图片的帮助下听懂和读懂简单的小故事。 能交流简单的个人信息，表达简单的感觉和情感。 能模仿范例书写词句。 在学习中乐于模仿，敢于表达，对英语具有一定的感知能力。 对学习中接触的外国文化习俗感兴趣。
二级	对继续学习英语有兴趣。 能用简单的英语互致问候，变换有关个人、家庭和朋友的简单信息，并能就日常生活话题作简短叙述。 能在图片的帮助下听懂、读懂并讲述简单的故事，能在教师的帮助下表演小故事或小短剧，演唱简单的英语歌曲和歌谣。能根据图片、词语或语句的提示，写出简短的描述。 在学习中乐于参与、积极合作、主动请教，初步形成对英语的感知能力和良好的学习习惯。 乐于了解外国文化和习俗。

第二节　《英语课程标准》分级目标

根据各级总目标，从学生在语言技能、语言知识、情感态度、学习策略和文化意识五个方面应达到的综合行为表现设定了对应各个级别的目标。

一、语言技能

语言技能分级标准

级别	技能	标准描述
一级	听做	1. 能根据听判的词句识别或指认图片或实物。 2. 能听懂课堂简短的指令并做出相应的反应。 3. 能根据指令做事情，如指图片、涂颜色、画图、做动作等。 4. 能在图片和动作的提示下听懂简单的小故事并做出适当的反应。

续表

级别	技能	标准描述
一级	说唱	1. 能根据录音模仿说话。 2. 能相互致以简单的问候。 3. 能相互交流简单的个人信息，如姓名、年龄等。 4. 能表达简单的情感和感觉，如喜欢和不喜欢。 5. 能根据表演猜测意思、说出词语。 6. 能学唱英语儿童歌曲和歌谣 15 首左右。 7. 能根据图、文说出单词或短句。
	玩演	1. 能在教师的指导下用英语做游戏并在游戏中进行简单的交际。 2. 能做简单的角色表演。
	读写	1. 能看图识词。 2. 能在指认物体的前提下认读所学词语。 3. 能在图片的帮助下读懂简单的小故事。 4. 能正确书写字母和单词。 5. 能模仿范例写词句。
	视听	能看懂语言简单的英语动画片或程度相当的英语教学节目，课堂视听时间每学年不少于 10 小时(平均每周 20~25 分钟)。

级别	技能	标准描述
二级	听	1. 能借助图片、图像、手势听懂简单的话语或录音材料。 2. 能听懂简单的配音小故事。 3. 能听懂课堂活动中简单的提问。 4. 能听懂常用指令和要求并做出适当的反应。
	说	1. 能在口头表达中做到发音清楚，语调基本达意。 2. 能就所熟悉的个人和家庭情况进行简短对话。 3. 能运用一些最常用的日常用语(如问候、告别、致谢、道歉等)。 4. 能就日常生活话题作简短叙述。 5. 能在教师的帮助和图片的提示下描述或讲述简单的小故事。
	读	1. 能认读所学词语。 2. 能根据拼读的规律，读出简单的单词。 3. 能读懂教材中简短的要求或指令。 4. 能看懂贺卡等所表达的简单信息。 5. 能借助图片读懂简单的故事或小短文，并养成按意群阅读的习惯。 6. 能正确朗读所学故事或短文。

续表

级别	技能	标准描述
二级	写	1. 能正确地使用大小写字母和常用的标点符号。 2. 能写出简单的问候语和祝福语。 3. 能根据图片、词语或例句的提示，写出简短的语句。
	玩演视听	1. 能按要求用简单的英语做游戏。 2. 能在教师的帮助下表演小故事或小短剧。 3. 能学唱简单的英语歌曲和歌谣 30 首左右(含一级要求)。 4. 能看懂程度相当的英语动画片和英语教学节目，课堂视听时间每学年不少于 10 小时(平均每周 20~25 分钟)。

二、语言知识

英语语言基础知识包括语音、词汇、语法以及用于表达常见话题和功能的语言形式等。语言知识是语言运用能力的重要组成部分，是发展语言技能的重要基础。

语言知识分级标准

级别	知识	标准描述
二级	语音	1. 正确读出 26 个英文字母。 2. 了解简单的拼读规律。 3. 了解单词有重音，句子有重读。 4. 了解英语语音包括连读、节奏、停顿、语调等现象。
	词汇	1. 知道单词是由字母构成的。 2. 知道要根据单词的音、义、形来学习词汇。 3. 学习有关本级话题范围的 600~700 个单词和 50 个左右的习惯用语，并能初步运用 400 个左右的单词表达二级规定的相应话题。
	语法	1. 在具体语境中理解以下语法项目的意义和用法： 名词的单复数形式和名词所有格； 人称代词和形容词性物主代词； 一般现在时、现在进行时、一般过去时和一般将来时； 表示时间、地点和位置的常用介词； 简单句的基本形式。 2. 在实际运用中体会以上语法项目的表意功能

续表

级别	知识	标准描述
二级	功能	理解和运用有关下列功能的语言表达形式：问候、介绍、告别、请求、致谢、邀请、道歉、情感、喜好、建议、祝愿等。
	话题	理解和运用有关下列话题的语言表达形式；个人情况、家庭与朋友、身体与健康、学校与日常生活、文体活动、节假日、饮食、服装、季节与天气、颜色、动物等。

三、情感态度

情感态度指兴趣、动机、自信、意志和合作精神等影响学生学习过程和学习效果的相关因素以及在学习过程中逐渐形成的祖国意识和国际视野。保持积极的学习态度是英语学习成功的关键。教师应在教学中不断激发并强化学生的学习兴趣，并引导他们逐渐将兴趣转化为稳定的学习动机，以使他们树立自信心，锻炼克服困难的意志，认识自己学习的优势与不足，乐于与他人合作，养成和谐和健康向上的品格。通过英语课程，使学生增强祖国意识，拓展国际视野。

情感态度分级标准

级别	标准描述
二级	1. 能体会英语学习的乐趣。 2. 敢于开口，表达中不怕出错误。 3. 乐于感知并积极尝试使用英语。 4. 积极参与各种课堂学习活动。 5. 在小组活动中能与其他同学积极配合和合作。 6. 遇到困难时能大胆求助。 7. 乐于接触外国文化，增强祖国意识。

四、学习策略

学习策略指学生为了有效地学习和使用英语而采取的各种行动和步骤以及指导这些行动和步骤的信念。英语学习策略包括认知策略、调控策略、交际策略和资源策略等。认知策略是指学生为了完成具体学习任务而采取的步骤和方法；调控策略是指学生对学习加以计划、实施、反思、评价和调整的行动和步骤；交际策略是学生为了争取更多的交际机会、维持交际以及提高交际效果而采取的行动；资源策略是学生合理并有效利用多种媒体进行学习和运用英语的方式和方法。

学习策略是灵活多样的，策略的使用因人、因时、因地、因事而异。在英语教学中，教师要有意识地帮助学生形成适合自己的学习策略，并不断调整自己的学习策略。

在英语课程实施中，帮助学生有效地使用学习策略，不仅有利于他们把握学习的方向，采用科学的途径，提高学习效率，而且有助于他们形成自主学习的能力，为终身可持续性学习奠定基础。

二级学习策略分级标准

级别	标准描述
二级	1. 积极与他人合作，共同完成学习任务。 2. 遇到问题主动向老师或同学请教。 3. 会制订简单的英语学习计划。 4. 对所学内容能主动复习和归纳。 5. 在词语与相应事物之间建立联想。 6. 在学习中集中注意力。 7. 在课堂交流中，注意倾听，积极思考。 8. 尝试阅读英语故事及其他英语课外读物。 9. 积极运用所学英语进行表达和交流。 10. 注意观察生活或媒体中使用的简单英语。 11. 能初步借助简单的工具书学习英语。

五、文化意识

语言有丰富的文化内涵。在外语教学中，文化是指所学语言国家的历史地理、风土人情、传统习俗、生活方式、行为规范、文学艺术、价值观念等。在学习英语的过程中，接触和了解外国文化有益于对英语的理解和使用，有益于加深对中华民族优秀传统文化的认识与热爱，有益于接受属于全人类先进文化的熏陶，有益于培养国际意识。在教学中，教师应根据学生的年龄特点和认知能力，逐步扩展文化知识的内容和范围。在起始阶段应使学生对中外文化的异同有粗略的了解，教学中涉及的外国文化知识应与学生的学习和生活密切相关，并能激发学生学习英语的兴趣。在英语学习的较高阶段，要通过扩大学生接触外国文化的范围，帮助学生拓展视野，使他们提高对中外文化异同的敏感性和鉴别能力，进而提高跨文化交际能力。

文化意识分级标准

级别	标准描述
二级	1. 知道英语中最简单的称谓语、问候语和告别语。 2. 对一般的赞扬、请求、道歉等做出适当的反应。 3. 知道世界上主要的文娱和体育活动。 4. 知道英语国家中典型的食品和饮料的名称。 5. 知道主要英语国家的首都和国旗。 6. 了解主要英语国家的重要标志，如英国的大本钟等。 7. 了解英语国家中重要的节假日。 8. 在学习和日常交际中，能初步注意判断中外文化异同。

第三节　教学实施建议

英语课程力求面向全体学生，为学生发展综合语言运用能力打好基础，同时，促进学生整体人文素养的提高。教师应在教学中综合考虑语言技能、语言知识、情感态度、学习策略和文化意识五个方面的课程目标，根据学生的发展状况，整体规划各个阶段的教学任务，有效整合课程资源，优化课堂教学，培养学生的自主学习能力，为学生的可持续发展奠定基础。教师还应不断提高自身的专业化水平，努力适应英语课程对教师提出的新要求。为此提出以下教学建议：

一、面向全体学生，为每个学生学习英语奠定基础

在教学中，教师应当坚持以学生为本，面向全体学生，关注个体差异，优化课堂教学，提高教学效率，为学生继续学习奠定基础。

(1)教师应充分了解所有学生的现有英语水平和发展需求，选择适当的教学方式和方法，把握学习难度，调动所有学生的积极性，使他们保持学习英语的信心，体验学习英语的乐趣，获得学习英语的成功感受，并使他们在各个阶段的学习中不断进步。

(2)教师应充分了解学生不同的学习经历、学习水平和学习风格，尊重学生的个体特点，充分发掘学生的不同潜能，与学生建立真诚、理解和信任的关系，因材施教，鼓励创新，为学生提供更加广阔的思维空间和自主发展空间。对学生在学习过程中出现的问题应给予有针对性的指导。

(3)教师应合理安排教学内容和步骤，组织多种形式的课堂互动，鼓励学生通过观察、模仿、体验、探究、展示等方式学习和运用英语，尽可能多地为他们创造语言实践

机会，引导他们学会自主学习和合作学习。教师要努力营造和谐的课堂气氛，对学生在学习过程中产生的语言错误采取宽容的态度，并选择合适的时机和恰当的方法妥善处理。

(4)教师应根据学生的实际情况，确立有利于逐步提高学生的基本语言素养和基本外语学习能力的教学目标。特别是在幼儿阶段，教师尤其需要注意培养学生浓厚的学习兴趣、积极的学习态度、良好的学习习惯和创造性运用语言的意识。

二、注重语言实践，培养学生的语言运用能力

教师要通过创设接近实际生活的各种语境，采用循序渐进的语言实践活动，以及各种强调过程与结果并重的教学途径和方法，如任务型语言教学等，培养学生用英语做事情的能力。

在学生的语言学习和实践活动中，教师的作用十分重要。教师应注意处理好知识学习与能力发展的关系、语言操练与语言运用的关系以及常规教学与考试的关系，使教学活动更加有效。

(1)活动要有明确的交流目的、真实的交流意义和具体的操作要求，并为学生提供展示学习成果的机会，使学生能够在个体和合作的实践活动中发展语言与思维能力，并能在展示活动中感受成功。

(2)活动的内容和形式要贴近学生的生话实际，符合学生的认知水平和生活经验；要尽可能接近现实生活中语言使用的实际情况，使学生能够理解和掌握目标语言项目的真实意义和用法。

(3)活动应包括学习语言知识和发展语言技能的过程，使学生在语言实践活动中，通过接触、理解、操练、运用语言等环节，逐步实现语言知识的内化；应有助于学生学会用英语做事情，特别是用英语获取、处理和传递信息，表达简单的个人观点和感受，从而提升实际语言运用的能力。

(4)活动不仅限于课堂，还可延伸到课堂之外。活动应有利于英语学科与其他学科的相互关联与联系，以促进学生的认知能力、思维能力、审美情感、想象力和创造力等素质的综合发展。

三、加强学习策略指导，培养学生自主学习能力

在幼儿教育阶段，学生逐步形成有效的学习策略对于提高学习效果十分重要。发展有效的学习策略是英语课程的重要目标之一。

(1)结合学生母语学习的经验和认知发展需求，针对英、美两种语言的特点和异同，重点培养学生运用学习策略的能力；感知和模仿英语发音的特点；掌握有效记忆和使用英语词汇的方法；理解英语句型的结构和语用功能；初步运用听、说、读、写四项

语言技能获取、处理和传递所需信息；在具体语境下开展有效交流；主动反思和调控自己的学习策略等。小学生的英语学习应特别强调培养对英语的感知能力和良好的语言学习习惯。

（2）根据学生的认知特点和学习风格，整体安排学习策略的发展目标，有计划、有步骤地指导学生发展具体的学习策略，把学生培养成为自主的学习者。在教学中，教师要结合课堂教学的具体内容，采用直接讲解、间接渗透、学生相互交流等方式，向学生介绍和示范不同的英语学习策略，创设有利于学生使用各种学习策略的语言实践活动，使学生充分认识到有效运用学习策略对提高学习效率有积极作用。教师要帮助学生不断尝试各种学习策略，指导学生自我监控使用策略的情况和效果，并根据需要及时调整，以提高他们的自主学习能力，促进学生逐步形成符合个人学习风格和需要并能有效提高学习效率的英语学习策略。

四、培养学生的跨文化交际意识，发展跨文化交际能力

语言与文化是密切相关的。英语教学应有利于学生理解外国文化，加深对祖国文化的理解，进而拓展文化视野，形成跨文化交际意识和初步的跨文化交际的能力。

（1）教师应当结合教学内容，引导学生关注语言和语用中的文化因素，了解中外文化的异同，逐步增强学生对不同文化的理解力，为开展跨文化交际做准备。

（2）教师应根据学生的语言水平、认知能力和生活经验，创设尽可能真实的跨文化交际情境，让学生在体验跨文化交际的过程中，逐步形成跨文化交际能力。

五、结合实际教学需要，选择性地使用教材

教材是实现教学目标的重要材料和手段。在教学中，教师要善于根据教学的需要，对教材加以适当的取舍和调整。

（1）根据所在地区的教学实际需要、学生现有水平、课时安排等，可对教材内容作适当的补充和删减。但对教材所做的补充和删减，不应影响教材的完整性和系统性。要避免仅仅为了满足考试需要而对教材作出取舍。

（2）根据实际教学目的和学生学习需求，对教材中的部分内容和活动进行替换，也可根据需要增加活动步骤，比如增加准备或提示性的步骤，从而降低学习难度。教师还可适当扩展教学内容或延伸原有的教学活动，比如增加属于相同主题且水平相当的阅读篇目或在阅读理解的基础上展开对话或讨论活动，或增加词汇学习活动或写作活动等，从而满足学生的需求。

（3）根据学生周围的现实生活对教材编排顺序作适当的调整。比如，现实生活中发生了某一重要事件，该事件与教材中某个单元的话题相关但进度不同步，在不影响教材的延续性和渐进性的前提下，可以提前学习这个单元，使学习内容与生活中发生的事件

同步。

(4)由于客观条件的差异、学生现有水平的差异以及具体教学实际情况的差异，教师还可以对教材做其他方面的调整。比如，有时教材推荐或建议的教学方法不一定适合实际教学的需要。在这种情况下，教师可以做出适当调整，采用最适合实际教学需要的方法。

六、合理利用各种教学资源，提高学生的学习效率

现代教育技术和教学资源为英语教学提供了多种媒体的手段、多种类型的平台和多方位的空间。教师应根据教学目标、学习内容、学校条件和学生实际情况，积极学习并在课堂教学中合理利用现有的教学资源和现代教育技术，同时也要充分发挥传统的教学手段和教学资源的作用，使各种教育技术和手段都能科学、合理、恰当、简约地为提高学生英语学习效果服务。

(1)根据实际教学条件，创造性地利用黑板、白板、卡片、简笔画、教学挂图、模型、实物等传统媒体，同时积极利用音像、多媒体以及网络等现代教学资源，丰富教学内容和形式，提供有利于学生观察、模仿、尝试、体验真实语言的语境，使英语学习更好地体现真实性和交际性特征。

(2)利用广播电视、英语报刊、图书馆等多种资源，提供充足的条件，拓展学生自主学习的渠道和空间。师资条件相对薄弱的地区和学校应当充分利用远程教育资源，有效推进英语教学。

(3)对于低年段的学生，教师更应注意使用丰富多样的教学资源，使教学内容、形式过程更为直观、生动、形象，以适应儿童的认知特点。

(4)充分利用自身的生活经历与经验以及学生的学习经验和实例，丰富教学内容。教师在运用多媒体手段时，要注意目的性、恰当性、合理性。多媒体的使用不能替代师生课堂上真实的语言交流、思维碰撞、情感互动和人际交往活动。

七、组织生动的课外活动，拓展学生的学习渠道

英语课外活动是学生英语学习的重要组成部分，能为学生的语言实践和自主学习提供更大的平台。课外活动要有助于激发和提升学生学习英语的兴趣、丰富语境、开阔视野、增长知识、发展智力和塑造性格。同时，应注意英语课外活动的组织和管理。

(1)教师应根据学生的年龄特点和需求，结合当地经济文化发展实际，有计划、有组织、有创造性地开展内容丰富、形式多样、因地制宜的课外活动，如朗诵、唱歌、讲故事、演短剧，以及英语角、英语墙报、校园或班级刊物等，还可以举办英语演讲会、英语演出、英语主题班会以及英语作品展示会等，甚至可以参与社区英语活动。有条件的学校还可以参与有组织的国际学生交流活动。

(2)英语课外活动要着重调动学生参与的积极性。要注意鼓励、动员、吸引学习困难的学生参与课外活动，为他们设计适合的活动形式和内容，使他们能够乐于参与，并通过亲身体验和实践产生学习兴趣和动力并获得成功。在活动中要给予他们耐心的指导，注意保护他们的自尊心和热情，尊重他们的参与方式，并注意因势利导。教师要充分利用社会资源使课外活动具有新鲜和活力。幼儿课外活动的内容尤其要突出童趣。

(3)教师要充分发挥学生的自主性，尊重他们的策划和选择并给予恰当的引导和辅导，要关注活动的过程，关注学生在活动中的表现，做好活动的顾问和服务工作，为他们的发展提供指导和支持。

八、不断提高专业水平，努力适应课程的要求

教师的专业化水平是有效实施英语课程的关键。在课程实施的过程中，教师应不断加深对课程理念和课程目标的理解与认识，充分吸收和继承各种方法的可取之处，优化教学方式，提高教学的效率和效益，在实践与反思中努力提高自身的专业素养，适应英语课程改革对教师提出的要求。

(1)更新学科专业知识，提高语言素养。教师专业发展的重要内容之一是掌握并不断更新学科专业知识。英语教师应具备的学科专业知识包括系统的英语语言基本知识，如英语语法、词汇、语音、语篇等知识，扎实的语言基本功和较好的综合语言运用能力；教师应能用英语实施课堂教学，阅读专业文献，参加学术交流。同时，教师还应具有较强的跨文化交际的意识和能力，并能随着社会和语言的发展不断更新语言知识，努力提高自身的英语语言素养。

(2)不断积累学科教学知识，提高教学实践能力。英语教师的专业知识不仅包括学科专业知识，还包括学科教学知识，即教师通过有效教学帮助学生建构语言知识、发展语言能力的知识。教师要运用教育学和心理学知识，根据儿童和青少年的认知发展特点和中国学生学习英语的环境，探索学生学习英语的客观规律，并以英语教学理论和方法为指导，确定合理而具有可操作性的教学目标，设计合理、连贯、清晰的教学步骤，创造性地选择和使用恰当的教学方法，合理使用现代教育技术，有效组织和实施课堂教学，发展学生的英语语言知识与能力。在教学中，教师还应注意观察教与学的过程，监控教与学的效果，根据需要及时调整教学目标、内容和方法，提高教学实践能力，达到有效教学的目的。

(3)开展教学反思，促进专业可持续发展。教学反思是一个不断发现问题、分析问题和解决问题的过程，是教师专业化发展的重要途径。通过实践与反思，教师有机整合学科知识和学科教学知识，加深对教育教学过程和学生学习过程的理解与认识，形成自主的专业发展意识和能力。教师还应通过合作学习和合作探究的机制与其他教师主动分享，加强交流，逐步提炼适合个人特点的、有利于促进学生自主学习、

提高学生学习效果的教学方式和方法，成为一名不断进取、具有反思意识和创新精神的英语教师。

第四节　英语评价

评价是英语课程的重要组成部分。科学的评价体系是实现课程目标的重要保障。英语课程的评价应根据本标准规定的课程目标与要求，采用科学、合理的评价方式和方法，对教学的过程和结果加以及时、有效的监控，以起到对教学的积极导向作用。

英语课程的评价要尽可能做到评价主体的多元化，评价形式和内容的多样化，评价目标的多维化。评价应反映以人为本的教育理念，突出学生的主体地位，发挥学生在评价过程中的积极作用。

一、充分发挥评价的积极导向作用

在课程实施的过程中，评价应起到监控教学过程、反馈教学信息、激励学生学习、促进教师改进教学的重要作用。因此，评价要有利于学生不断体验英语学习过程中的进步与成功，有利于学生认识自我，建立和保持英语学习的兴趣和信心；评价要有利于教师获取英语教学的反馈信息，并对自己的教学行为进行反思和调整，从而促进教师不断提高专业水平；评价要有利于学校和教育行政部门及时了解课程的实施情况，改进教学管理，促进英语课程的不断发展和完善。评价的过程和评价结果还应有利于家长和社会了解学生的学习情况、教学的目标和教育的发展方向，共同推进课程实施。

二、体现学生在评价中的主体地位

学生是学习的主体，也是评价的主体。评价标准的确定、评价内容和方式的选择以及评价的实施等均应以促进学生的发展为目标。在各类评价活动中，学生都应该是积极的参与者和主动的合作者。学生应当在教师的指导下，学习使用适当的评价方法和可行的评价工具，了解评价标准和学习进程，发现和分析学习中的具体问题，主动反思和调控自己的学习策略，认识自我，树立自信，不断明确自己的努力方向。

三、依据课程目标要求确定评价内容与标准

课程标准是确定课程评价内容与标准的依据。因此，教师应当综合考虑本标准所规定的语言技能、语言知识、情感态度、学习策略和文化意识五个方面的目标要求及特点，根据学生实际情况，确定评价标准，选择评价内容，采用恰当形式。应避免过分强

调对知识的考查和脱离语言实际运用的倾向，以确实提高评价的有效性。

四、注意评价方法的合理性与多样性

在设计和实施评价的过程中，教师应根据各阶段教学的特点与评价目的，充分考虑学生的年龄、心理特征及认知水平，选用合理、多样的评价方式，如自我评价、同伴评价、家长评价、教师评价等，实现形成性与终结性评价相结合。形成性评价可采用与课堂教学活动接近的形式以及平时测验、学习档案、问卷调查、访谈等形式。学生可以在教师指导下，根据自己的特长或优势选择适合自己的评价方式。终结性评价应采用不同类型的综合性和表现性的评价形式，以口试、听力和笔试相结合的方式，综合考查学生的语言运用能力。在笔试中，客观性试题和主观性试题要合理配置。

五、形成性评价要有利于监控和促进教与学的过程

形成性评价是日常教学中由教师和学生共同参与和实施的评价活动，其首要目的是促进学生学习，核心是通过不同形式的反馈给学生提供具体的帮助和指导。教师应根据实际课堂教学的目标，采取有效的信息收集和反馈方式，及时观察和了解学生的学习进程和学习困难，把握课堂教学目标的落实，为下一步调整教学目标、改进教学方法、提高教学效率提供依据。形成性评价应坚持激励原则。教师应积极指导学生评价自己的学习行为和学习结果，使学生通过参与展现自己学习进步的各种评价活动，获得成就感，增强自信心，有效调控自己的学习过程。

形成性评价可采用多种方式，如测试与非测试、教师评价、个人自评与学生互评相结合等。教师要及时反馈评价结果，并与学生开展不同形式的交流，充分肯定学生的进步，鼓励学生自我反思、自我提高。教师还应主动争取与家长的交流与合作。

六、终结性评价要注重考查学生的综合语言运用能力

终结性评价是在一个学习阶段结束时对学生学习结果的评价，如期末考试、毕业学业考试等。终结性评价主要检测学生综合语言运用能力的发展程度，包括语言技能、语言知识、情感态度、学习策略和文化意识五个方面。终结性评价应根据教学的阶段性目标确定评价的内容和形式，可以包括口语、听力、阅读、写作和语言知识运用等部分。口试要重点考查学生的口头表达能力和交际策略的运用。听力部分应着重考查学生理解和获取信息的能力，避免单纯辨音题等脱离语境的题型。阅读和写作部分主要考查学生理解真实语言材料和表达真实思想的能力。对语言知识的考查应着重考查学生的知识运用能力，不应孤立地考查知识点或对知识的机械记忆。终结性评价应将知识与技能的评价有机结合起来，着重考查学生在具体语境中运用英语的能力，渗透对情感态度、学习

策略和文化意识的考查。考试形式应灵活多样，合理配置主观题和客观题。幼儿的终结性评价应充分考虑幼儿的认知特点，选择恰当的形式和内容，做到简明、实用。

七、注意处理教学与评价的关系

教学与评价都是英语课程实施过程的重要组成部分。教学是培养学生实际语言运用能力的关键环节，评价是及时监控教学过程和教学效果的重要手段，教师要正确处理二者之间的关系。评价要服务教学、反馈教学、促进教学。平时的教学要避免为考而教、不考不教、以考代教的倾向，特别是要避免采用题海战术干扰正常教学的做法。要坚持以考查语言运用能力为主的命题指导思想，使教学始终着眼于学生实际语言运用能力的发展。

八、幼儿、小学的评价应以激励学生学习为主

幼儿、小学英语教学评价应以课程标准和平时的教学内容为依据，以激励学生的学习兴趣和自信心为主要目的，采用符合学生认知水平、具有多样性和可选择性的评价形式。幼儿、小学阶段的评价应以形成性为主，重点评价学生平时参与各种教学活动的表现。中、低年级的终结性评价应采取与平时教学相近的、生动活泼的活动形式。小学高年级的终结性评价也应主要采用与平时教学活动相近的方式进行，合理采用口试、听力和笔试相结合的方式，考查学生基本的理解和表达能力，重点考查学生用英语做事情的能力。终结性评价的成绩评定可采用等级制或选标的方法，不宜采用百分制。

英语课程的评价要体现新课程的评价原则，要采用科学、合理的评价方法、评价形式和评价手段。教师要不断学习和了解国内外语言评价的理论与实践研究成果，钻研语言评价技术与手段。既要保持和改进传统的行之有效的评价方法，更要积极尝试、实验新的评价方法。在具体的评价实施过程中，要根据不同阶段英语学习的内容、目标以及评价的不同功能，选择恰当的评价方法并进行合理组合。

第五节 《英语课程标准》实训项目

实训目的：

通过阅读《义务阶段英语课程标准》及《高中英语课程标准》，了解我国英语教学的目的和内容，并能与国际上英语教学标准进行比对。

实训要求：

1. 通读《义务阶段英语课程标准》及《高中英语课程标准》。
2. 上网查询《欧洲语言教学与评估框架性共同标准》，并与我国颁布的课程标准进

行内容上的比对。

实训记录：

成绩评价表

指 标		满分	得分
1	通读《义务阶段英语课程标准》	20	
2	通读《高中英语课程标准》	20	
3	知晓英语学科核心素养内涵	20	
4	了解《欧洲语言教学与评估框架性共同标准》	20	
5	能将欧标和我国课标进行对比分析	20	
总 分		100	

第二章　幼儿英语教学理论

本章导读

蒙台梭利认为，“儿童的语言是发展而来的，而不是教出来的”。本章介绍的四种幼儿英语教学理论尝试着从不同的方面诠释幼儿语言学习的过程。这些理论的学习将有助于我们理解幼儿英语学习的目的及意义，为幼儿英语教学奠定理论基础。

第一节　神经生理学理论

一、神经生理学理论

神经生理学理论认为，2~12 岁是语言学习的生理积极期，有研究发现，与单语者相比，双语者左侧顶下皮层的灰质密度较大；早期双语者的灰质密度增大更为显著；第二语言运用越熟练，习得年龄越小，该区域的灰质密度就越大。这时大脑皮层的两半球并未完全侧向化及功能化，此时大脑具有可塑性。克米(Kim)等人研究发现，晚期双语习得者的第二语言表征在额叶语言区(即 Broca 区)的空间分布与母语分离；早期双语习得者的第二语言表征与母语在额叶皮层的表征趋于一致。可见，孩子不仅能掌握第一语言，还能学习第二语言。

二、神经生理学理论对幼儿英语教育的启示

(一)幼儿英语学习具有可行性

语言刺激能促进大脑细胞生长发展，对幼儿给予两种语言的刺激，能促进幼儿大脑

两半球之间的协调，加强神经细胞之间的联系，对孩子大有益处。

(二)幼儿具有英语学习的年龄优势

早期双语习得者的第二语言表征与母语在额叶皮层的表征趋于一致，表明语言学习是一种信息刺激活动，无论是中文或英语，对于幼儿来说都是某一具体形象，并将这一“形象”储存到大脑中去。同时，幼儿对声音的敏感度较高，且右脑控制发音器官的能力较强，这时练习说话，更容易掌握发音技巧，随着年龄增长，这种能力会逐步下降，给外语学习带来困难。

第二节　第二语言习得理论

20 世纪 70 年代，美国语言学家克拉申建立了第二语言习得理论。他认为：语言的掌握，无论是第一语言还是第二语言，都是在“可理解的”真实语句发生下实现的；都是在放松的不反感的条件下接受的；它不需要“有意识地”学习、训练和使用语法知识；它不能一夜速成，开始时会比较慢，说的能力比听的能力实现得晚。

一、五个“假说”组成的第二语言习得理论

(一)习得-学得差异假设(The Acquisition-Learning Hypothesis)

成人是通过两条截然不同的途径逐步掌握第二语言能力的。第一条途径是“语言习得”，这一过程类似于儿童母语能力发展的过程，是一种无意识地、自然而然地学习第二语言的过程。第二条途径是“语言学习”，即通过听教师讲解语言现象和语法规则，并辅之以有意识的练习、记忆等活动，达到对所学语言的了解和对其语法概念的“掌握”。习得的结果是潜意识的语言能力，而学得的结果是对语言结构有意识的掌握。

该假设认为，成年人并未失去儿童学语言的能力。克拉申甚至认为，如果给予非常理想的条件，成人掌握语言的能力还要比儿童强些。他同时还认为，别人在旁帮你纠正错误，对你的语言掌握是没有什么帮助的。

(二)自然顺序假设(The Natural Order Hypothesis)

这一假设认为，无论儿童或成人，语法结构的习得实际上是按可以预测的一定顺序进行的。也就是说，有些语法结构先习得，另一些语法结构后习得。克拉申指出，自然顺序假设并不要求人们按这种顺序来制定教学大纲。实际上，如果我们的目的是要习得某种语言能力的话，那么就有理由不按任何语法顺序来教学。初学时的语法错误是很难避免的，也是没必要太介意的。

(三)监检假设(The Monitor Hypothesis)

一般说来，下意识的语言习得是使我们说话流利的原因；而理性的语言学习只起监检或“编辑”的作用。换句话说，当我们开口说话时，话语由“习得”系统产生，经“学得”系统监检后成为“真言”而吐露出口。语言学习的这种监检功能可能在我们说话或写作之前，也可能在其后。

在口头交谈中，人们往往没有时间去考虑斟酌语法。语法规则如果不是习得而是背出来的，也用不上。但在事先准备的正式发言和写作中，语法的使用能提高语言的准确性，为演讲或文章增添色彩。这一条可以说是克拉申对语法知识的用处做出的最大让步。

(四)输入假设(The Input Hypothesis)

输入假设是克拉申第二语言习得理论的核心部分。只有当习得者接触到“可理解的语言输入”(Comprehensible Input)，即略高于他现有语言技能水平的第二语言输入，而他又能把注意力集中于对意义的理解而不是对形式的理解时，才能产生习得。如果你的现有水平为“i”，那么就要给你提供“i+1”水平的输入。这种“i+1”的输入并不需要人们故意地去提供，只要习得者能有足够的理解输入时，就自动地提供了。克拉申认为，理解输入语言的编码信息是语言习得的必要条件，不可理解的(Incomprehensible)输入只是一种噪音。按照输入假设，说话的流利程度是自然达到的，是不能直接教会的。

对输入假设的理解关键点就是 Comprehensible Input“i+1”。+ 1 就是在自己现有水平上加了“一点点”难度。换句话说，我们正是因为有了这一点点难度才提高的。我们今后掌握的最重要的技术就是不断自己创造这一条件。

另外有一个非常重要的“沉默期”(Silent Period)的概念，是在这假设里引入的。克拉申认为，无论成人或儿童，在掌握说话能力前，都会有一个相当长的沉默期，直到听懂的量达到一定程度而有足够的自信时，才可能说话。这一沉默期是正常的同时也是必要的。所以大家不要急着上来就想说，说的能力要来得慢，同时它是自然到来的。

(五)情感过滤假设(The Affective Filter Hypothesis)

情感过滤假设认为，有了大量的适合输入的环境并不等于学生就可以学好目的语了，情感因素起着促进或阻碍的作用，心理上的因素影响着他习得语言的速度和质量。这些因素是：

1. 动力

学生的学习目的是否明确，直接影响他们的学习效果。

2. 性格

比较自信，性格外向，乐于把自己置于不熟悉的学习环境，自我感觉良好的学生在学习中进步较快。

3. 情感状态

在第二语言或外语的学习中，焦虑较少的人容易得到更多的语言输入。同样，心情放松和感觉舒适的学生在较短的时间内显然学得更好。

这一假设有点偏语言教学经验谈，它的重要性也常被忽视。(后来人们通过实验发现，人在试图说外语而又说不出来时因焦虑而在脑部产生的电流，可以电死一只老鼠，可见学外语时的焦虑程度之高。)

(六)可理解输出(Comprehensible Output)

语言学家后来发现仅有输入条件而缺乏输出体系，于是斯韦恩(Swain)在 1985 年提出了“可理解输出理论”，即在输出时尝试做一些高出他们目前水平的练习。因为输出的过程可以促使学生积极寻找合适的形式来表达他们所要表达的意思，当他们碰到一些不知该如何表达其意思的困难时，就会去努力尝试，在这个过程中他们可以自己尝试总结一些新的规则，从对方的反馈中总结经验，最终形成比较稳固的体系。

二、第二语言习得理论对幼儿英语教育的启示

(一)为幼儿提供最佳语言输入

根据第二语言习得理论，可理解的语言输入是导致语言习得的关键，因此在幼儿英语学习中应让幼儿接触到尽可能多的语言输入，从而促进语言习得。如英语环境创设、英语绘本故事阅读、观看原版电影等。

(二)激发学习动机，消除不良情感因素

情感是人们对客观事物是否符合自己的需要而产生的态度体验。情感因素主要是指个人性格、态度、动机、焦虑等因素。良好的情感状态如自信、积极、放松有助于语言的习得，而压抑、消极、焦虑则会阻碍语言的输入和掌握。教师应根据幼儿的个性化发展需要，巧妙地利用每个幼儿的优点，激发学习动机，让情感因素在二语习得中发挥积极作用。

第三节　多元智能理论

多元智能(Multiple Intelligences)理论是由美国哈佛大学终身教授霍华德·加德纳(Howard Gardner)于 1983 年提出并创立的。

一、多元智能理论

多元智能理论认为：智能不是单一的，是多元的，认为每个人与生俱来都拥有七种以上既各自独立存在又相互联系的智能(智力)。每种智能的运作都与大脑的某部位的组织有关，受不同部位神经系统的影响。

(一)语言智能(Linguistic Intelligence)

语言智能就是有效地运用口头语言和书面语言的能力，或运用于听、说、读、写中的能力。

演说家、故事家、教师、作家、记者和编辑等都是语言智能强的人。

(二)逻辑-数学智能(Logical-Mathematical Intelligence)

逻辑-数学智能就是有效运用数字、逻辑推理、科学分析的能力。逻辑-数学智能强的人对抽象概念敏感，擅长推理，思考时注意因果关系。

数学家、统计学家、会计、电脑程序员、科学家等是这种智能强的人。

(三)视觉-空间智能(Visual-Spatial Intelligence)

视觉-空间智能，是在头脑中形成一个外部空间世界的模式，并能够运用这个模式的能力。视觉-空间智能强的人对色彩、线条、形状、空间以及它们之间的关系很敏感。

画家、雕刻家、司机、向导、建筑师、水手等都是这种智能强的人。

(四)身体-动觉智能(Bodily-Kinesthetic Intelligence)

身体-动觉智能是运用整个身体或者身体的一部分解决问题或制造产品的能力。身体-动觉智能强的人有很好的触觉、特殊的身体技巧。

舞蹈家、运动员、演员、外科医生、手工艺大师等都是这种智能强的人。

(五)音乐智能(Musical Intelligence)

音乐智能指运用于演唱、欣赏、创作乐曲的能力。音乐智能强的人有对音高、音色、旋律、节奏等的敏感性。

音乐家是这种智能强的人。

(六)人际关系智能(Interpersonal Intelligence)

人际关系智能，是理解他人的能力，即觉察和理解他人的情绪、动机等，处理自己和他人关系的能力。包含对脸部表情、暗示的敏感性。

销售商、政治家、教师、心理学家、社会工作者是这种智能强的人。

(七)自我认识智能(Intrapersonal Intelligence)

自我认识智能，是一种深入自己内心世界的能力，即建立准确而真实的自我模式并有效运用这一模式的能力。这种人有很强的自我意识和自我了解，能够自尊自律。

哲学家、诗人是这种能力强的人。

(八)自然智能(Natural Intelligence)

自然智能是识别动植物、对自然界加以区分的能力，是以更宽的视野(自然和文明的关系)理解自然的能力。

植物学家、动物学家、环保主义者、物理学家等是这种智能强的人。

二、多元智能理论的观点

多元智能理论包括如下观点：

(1)每一个个体的智力都具有自己的特点和独特的表现形式。

(2)智力强调的是个体解决实际问题的能力和生产及创造出社会需要的有效产品的能力。

(3)个体智力的发展方向和程度受到环境和教育的影响和制约。

(4)多元智能理论重视的是多维度地看待智力问题的方法。每一种智力都有自己的发展史和不同的高峰期。

三、多元智能理论对幼儿英语教育的启示

加德纳认为教学的成功在于能够发现并创造适合每个幼儿学习的教学环境。每个幼儿的优势智能各不相同，教师应根据幼儿特点，拓宽教学内容和方法。

(一)为幼儿创设丰富的语言环境

语言智能包含四种基本技能，即听、说、读、写技能，这四种基本技能对任何学科的学习都有显著影响。

教师在教学过程中，要注意做到以下四点：

(1)以幼儿使用的语言为教学的起点。

(2)考虑语言技能发展的自然进展。

(3)教学要适应幼儿的认知水平及语言成长。

(4)以幼儿自身的生活经验为阅读的切入点。

(二)肢体动作贯穿于教学之中

身体-动觉智能是人类认知的基础，身体的活动能使幼儿集中注意力，通过身体的神经-肌肉编码学习能够增强记忆，寓教于乐。

在教学中，教师要做到：

(1)运用丰富的肢体语言进行教学。

(2)运用动作意识解答问题。

(3)培养幼儿动手思维的能力(如制作实物等)。

(4)让幼儿用身体图(用肢体表示想法)的方式，表达自己的思想观念。

(5)多为幼儿提供动手操作的机会。

(三)创设多元的视听教学环境

视觉-空间智能包括视觉辨别、再认知、投射、心理图像、空间理解、映象操作、复制内外心象等，每个人都可能拥有或表现出上述技能的部分或全部。在教学中，教师可采用下述方法：

(1)形象化法

(2)色彩记号法

(3)图画比喻法

(4)思维速写法

(5)图解符号法

(四)创设轻松、愉悦的音乐课堂教学氛围

音乐是发展幼儿各项技能的最重要方式之一。教师可采用以下方法将音乐融入教学过程中：

(1)节奏、歌曲、击节和吟唱法。把想要强调的重点、中心思想、观念主题编成诗歌、快板等形式。

(2)超记忆音乐法。教师讲课时播放有节奏的背景音乐，使幼儿在放松的状态下进行学习，这样可以帮助幼儿对知识的记忆，最为有效的是四分之四拍古典音乐。

(3)音乐概念法。用音乐曲调或节拍作为表达概念、规律或纲要的工具，为幼儿创造以丰富的想象力进行表达的机会。

(4)情感音乐法。为某个单元或课程配上与之相适合的具有感情气氛的背景音乐，这种音乐可以是表达感情的古典或现代音乐，也可以是音响效果或自然声音，如在阅读海边故事前放一段大海声的录音(海浪击打岩石声、海鸥叫声等)。

(五)课堂应成为师生交流的空间

人际关系智能就是了解他人，与他人沟通，关注人们情绪、气质、动机和技能等方

面的差异，与他人建立与维持关系的能力。通常那些能够表露心声，并善于提高他人生活质量的人，都具有良好的人际交往智能。

每个幼儿人际交往智能的程度各不相同，教师在教学过程中，应注意师生、生生之间的相互影响。

(1)采用合作学习模式进行学习，培养幼儿的人际交往智能。合作学习模式的核心是采用小组形式以达到教学目标。最为有效的是每组3~8人，幼儿在合作小组里可以根据不同智能优势担任不同角色。

(2)建立合作小组的形式，提供给幼儿真正从事社会活动的机会。让幼儿在合作小组里模仿实际环境中的人际关系，进行行为动作的预演。

(3)人际交往的训练。当今幼儿大多数是独生子女，训练他们与人合作，听取他人意见，向他人学习，对幼儿的发展以及将来适应社会十分必要。

(六)为幼儿提供反思自省的时间

自我认识智能是能够正确认识自己弱点与错误的能力，是批判性的自我观察，是促使人自我理解的方式，它包括我们的思想与感受。当发现幼儿自动化地做某事时，不妨让他即刻停一下，再重新开始做这件事，并仔细、谨慎地观察他的行为，这能使其意识到自己的内在世界，这对师生都有同样重要的觉醒作用。

教师应该让幼儿明白，即使他们无意中犯了错误，也不应该自我鄙视、羞愧或愤怒。当他们能自我解嘲时，就能更好地重新开始。教师在幼儿面前应示范这种能力，使幼儿从中学到基本的生存技巧。

在教学过程中，教师可以采用以下方法：

(1)给幼儿反应时间。在活动期间，幼儿应该有内省或深思的“暂停”时间，要提供给幼儿对刚讲新知识进行消化或联系自己实际的机会，同时，也给幼儿一个缓冲的机会，让他们时刻集中注意力，为将要进行的活动做好准备。

(2)联系个人实际。教师可以把幼儿个人的感觉、生活经历编织到教学中，使所讲知识与他们的生活经历联系起来。

(3)给幼儿选择知识的时间。给幼儿机会对他们所学的知识进行选择，并作出决定。选择的内容可以是限定的，也可以是非限定的，可以与课堂内容或进程有关，也可以无关，要尽量扩大幼儿选择的经验范围。

(4)教师要带着不同感情讲课。教师有责任在教学中提供和创造机会，让幼儿表达感情，引发他们的情感反应。

(5)教师要帮助幼儿制定目标。这是自我认识智能强的幼儿的特点，目标可以是短期的，也可以是长期的，制定目标的时间可以是几分钟，也可以是几个月，目标本身要与学习成果或生活目标紧密相联，要帮助他们为一生做好准备。

(七)满足幼儿探索自然奥秘的好奇心理

自然智能是早期人类在生存竞争过程中演化而来的，它包括识别有益或有害的物种、气候的变化以及粮食资源。其实质是观察、反映、联结、条理化、统合以及联系自然界和人文世界的知觉。它有利于丰富各门学科知识的学习。人类天生就是自然观察者，渴望通过感官探索大千世界，运用天赋的身心机能敏锐地去感知，主动地观察，并对感知和观察到的信息进行反思和质疑，以体验周围的环境。因此教师应指导幼儿对事物进行有步骤的观察学习，对幼儿进行环境教育，发展其自然智能。

第四节　建构主义学习理论

建构主义兴起于20世纪90年代的美国，代表人物皮亚杰创立了儿童的认知发展理论，维果斯基创立了文化历史发展理论。皮亚杰的个人建构理论和维果斯基的社会活动建构及最近发展区理论是建构主义的"学与教"理论的基础。

一、建构主义学习理论的基本观点

建构主义学习理论的基本观点如下：

(1)世界是客观存在的，但对于世界的理解和所赋予的意义却是由每个人自己决定的，人们以自己的经验为基础来建构和解释事实。

(2)知识并不是对现实世界的绝对正确的表征，它们处在不断的发展之中，而且在不同情景中，它们需要被重新建构。

(3)学习是学习者在一定的情境即社会文化背景下，借助他人(包括教师和学习伙伴)的帮助，利用必要的学习资料，通过意义构建的方式获得知识的过程。

(4)学习不单是知识由外到内的转移或传递，更是学习者主动地建构自己的知识经验的过程。学习者在以往的生活、学习和交往中，逐渐形成了自己对各种现象的理解和看法并具有利用现有知识经验进行推论的智力潜能。

二、建构主义学习理论的四个过程

(1)图式(Schemes)：个体对世界的知觉、理解和思考的方式。

图式是认知结构的起点与核心。图式的发展变化就是认知发展的实质。

2~7岁儿童的图式特点：表象符号+直觉表象

例如：许多婴儿发现成人用敲击的方式来接触某物体，当他们这样做时，物体能够发出声音，通过观察，他们了解了这个物体的有关方面。

与物体发生相互作用的每一种方式都可以看作一种图式。

(2)同化：个体在感受刺激时，把它们纳入到原有的图示之内，使其成为自身的一部分。

例如：给婴儿一些从未见过又有些熟悉的物品，他们很可能会抓、咬或敲击这些物品，即他们试图用自己已有的图式来了解这些未知的东西。

(3)顺应：有机体调节自己的内部结构以适应特定刺激情境的过程。

例如：假定某个幼儿具有敲击小物品的图式，如果给他一个鸡蛋，他肯定也会以同样的方式去敲击鸡蛋，鸡蛋破碎，这个幼儿或许会改变已有的图式，他以后或许会重击某些物体而轻触另一些物体。

(4)平衡：个体通过自我调节机制使认知发展从一个平衡状态向另一种较高平衡状态过渡的过程。

儿童的认知结构就是通过同化与顺应过程逐步建构起来，并在“平衡—不平衡—新的平衡”的循环中得到不断的丰富、提高和发展。

三、建构主义学习理论影响下形成的教学模式

(一)抛锚式教学(Anchored Instruction)

抛锚式教学是使学生在一个完整、真实的问题背景中，产生学习的需要，并通过镶嵌式教学以及学习共同体中成员间的互动、交流，凭借自己的主动学习、生成学习，亲身体验从识别目标到提出和达到目标的全过程。

所谓“锚”是某种类型的个案研究或问题情境真实事例，采用“实例式教学”或“基于问题的教学”。

(二)支架式教学(Scaffolding Instruction)

支架式教学就是教师或其他助学者通过和学习者共同完成蕴涵了某种文化的活动，为学习者参与该活动提供外部支持，帮助他们完成独自无法完成的任务。随着活动的进行，逐渐减少外部支持，让位于学生的独立活动，直到最后撤去脚手架。

四、建构主义学习理论对幼儿英语教学的启示

(一)知识观

(1)知识并不是对现实的准确表征，它只是一种解释、一种假设，不是最终答案，

它必须随着人们认识程度的深入而不断地变革、升华和改写，出现新的解释和假设。

(2)知识不能精确地概括世界的法则，需要针对具体情境进行再创造。

(3)知识的外在形式与幼儿的理解和表征可能有差异。

(二)学生观——注重幼儿原有经验

(1)强调幼儿经验世界的丰富性和差异性。

(2)幼儿经验世界的差异本身便是一种宝贵的学习资源。

(三)教师观

(1)强调以学生为中心。

(2)发挥教师的主导作用。

(四)学习观

(1)学习是建构性的。

(2)学习是主动性的。

(3)学习是合作性的。

(4)学习是交流性的。

(5)学习是探究性的。

(6)学习有非智力因素参与(情感体验、自助意识及自信心)。

(五)学习环境

(1)情境：创设有利于幼儿对所学内容的意义建构的情境。

(2)协作：伴随学习过程的始终，包括教师与幼儿之间、幼儿与幼儿之间的协作。

(3)会话：协作学习过程也是会话过程，每个学习者的思维成果为整个学习群体共享，是意义建构的重要手段之一。

(4)意义建构：帮助幼儿对学习内容所反映的性质、规律以及该事物与其他事物之间的内在联系达到较深刻的理解。这种理解在大脑中的长期存储形式就是“图式”，也就是所学内容的认知结构。

综上所述，建构主义学习理论是以学生学习为中心，在整个学习过程中由教师起到组织者、指导者、帮助者、促进者的作用，利用情境、协作、会话等学习环境要素充分发挥学生的主动性、积极性和创造性，最终达到使幼儿有效地实现对所学知识的意义建构的目的。

第五节　幼儿英语教学理论实训项目

实训目的：

通过对幼儿英语教学理论的学习，帮助同学们了解这些理论的基本观点及对幼儿英语教学的启示，认识幼儿英语学习的心理过程，并根据学习者的不同情况找出合适的教学途径。

实训要求：

1. 上网查询还有哪些幼儿英语教学理论（如浸入式教学理论、全语言理论等）。
2. 与小组同学交流、讨论上述教学理论对幼儿英语教学的启示，并做记录。

实训记录：

成绩评价表

指　　标		满分	得分
1	上网查询了相关幼儿英语教学理论	10	
2	有相关学习笔记	20	
3	能参与小组讨论	20	
4	能在小组讨论中发表自己的观点	20	
5	能整理出多个教学理论的特点	30	
总分		100	

第三章　幼儿英语教育目标与教学原则

本章导读

明确幼儿英语教学的总体目标及各年龄阶段的活动要求，了解幼儿英语教学中的直观性、趣味性、交际性等原则，并积极运用到教育活动中。

第一节　幼儿英语教育目标

一、幼儿英语教育总目标

幼儿英语教育总目标是使幼儿具有强烈的学习兴趣，能掌握日常基本词汇和简单的交际用语，养成良好的听说习惯，具有运用英语进行简单的日常交流的能力。建立初步语感，感受语言美。开发潜能，培养幼儿观察、记忆、注意、想象、表达和创造能力。开阔视野，使幼儿对英语学习中接触的外国文化习俗感兴趣，同时也能用英语表达简单的中国文化，渗透文化意识。在学习中乐于参与，积极合作，主动请教。初步形成多元、开放的思维态度，为幼儿的可持续发展打下良好基础。

二、各年龄段教育目标描述

（一）小班

1. 认知目标

◎ 懂得要用自然的声音学习英语发音。
◎ 知道要仔细倾听才能辨别英语的语音。
◎ 听懂字母、数字、时间、星期等。

◎ 借助上下文、图画，听懂简单描述。

2. 能力与技能目标

◎ 能注意倾听教师的英语发音，能区分英语发音中的差别。

◎ 能在理解内容的基础上，跟教师学些简单的英语单词和句子，发音自然。

3. 情感与态度目标

◎ 乐意听教师和他人说简单的英语。

◎ 乐意模仿教师说的简单英语。

◎ 喜欢欣赏教师和中大班哥哥姐姐表演。

(二)中班

1. 认知目标

◎ 听懂并实施简单的教室指示语，如"stand up""sit down""go to…""touch""put down"等；能根据指令做事情。

◎ 听懂询问个人情况的问题，如年龄、姓名、地址等。

◎ 听懂日常生活简单社交用语，如问候、致歉、道谢等，并按别人指示做出相应的反应。

◎ 认识常见的标识及语言。

2. 能力与技能目标

◎ 能较专注地倾听教师和他人的发音，能辨别一些发音和语调的差异。

◎ 能大方地学说英语，发音较清晰、自然。

◎ 能说出一定数量的日常用语，自然得体地进行简单的英语会话和交际。

3. 情感与态度目标

◎ 能有兴趣倾听教师和他人说英语。

◎ 喜欢跟教师学习英语、学唱英语歌曲。

◎ 能专注地欣赏各种英语表演，愉快地参与一些英语游戏。

(三)大班

1. 认知目标

◎ 知道英语的不同语音、语调可以表达不同的意思。

◎ 听懂对普通物品的简单描述，如课堂里的事物、周围的东西，并能用非语言的方式表示出来，如画画。

◎ 能陈述个人和他人的基本情况；能简短地描述普通事物、询问事物；能够使用简单的英语较好地表达自己的思想。

2. 能力与技能目标

◎ 能认真专注地倾听教师、同伴述说英语，对他人发音、语调中的细微差别作出判断。

◎ 能认真地学习英语，发音清晰，语调自然。

◎ 能大方自然地演唱英语歌曲，根据故事内容扮演一些不同的角色，模仿角色语言及情感表达。

◎ 能在游戏、日常生活、外出活动的不同场合尝试运用一些简单英语句式与人交流。

◎ 能阅读附有简短英文的简易图画故事。

3. 情感与态度目标

◎ 能充满兴趣地倾听教师及同伴说英语，热情欣赏生活及媒体中自然、流利的英语表演。

◎ 积极、主动地学习、感知环境中可理解的英语信息材料。

◎ 热情积极地参与各种英语活动。

第二节　幼儿英语教学原则

幼儿英语教育内容主要包括语音、词汇、句型、对话、指令、歌曲、歌谣、故事等，教师应根据不同年龄阶段的英语教学目标、幼儿已有的知识经验，选定英语教学内容，确定英语教育活动，尽可能选择原汁原味的纯正英语素材，创设恰当的英语环境，确保英语学习与幼儿的无意识学习特点相吻合，突出语言学习的交际功能，使幼儿学以致用，在教师有目的、有计划地组织实施活动的过程中，使每个幼儿都能有所收获、有所发展。

在教学中应遵循下列原则：

一、直观性原则

直观性原则指在教学中教师根据教学内容的需要，利用幼儿的各种感官和已有的经验，通过具体的事物、形象的语言或模型、图片、图表等，丰富幼儿的感性认识和直接经验，使幼儿获得鲜明的表象，作为学习新知识、形成新概念的基础。

(一) 直观教具

1. 实物、模型、图片、手偶、幻灯片、录像等都是直观教具

俗话说：“百闻不如一见。”这是人们认识客观事物的一条规律。运用实物演示情境，正是从这一认识规律出发的。比如教师可以把实物带入课堂，这些实物都是幼儿在日常生活中接触过的，教师把它们带入教室，幼儿往往会产生一种新鲜感，注意力马上被吸引，并将英语与实物之间建立了直接联系。

一些不便带入教室的实物，我们可以通过图片、玩具或模型代替。

2. 简笔画

简笔画也是最为实用的直观教具之一，文与画是相通的，借助图画再现情境，可以

把内容具体化、形象化，收到“一图穷千言”的效果。(详见第七章)

3. 多媒体教学

计算机多媒体技术集图、文、声、像于一体，使教学内容的呈现富有强烈的表现力和艺术感染力，寓教于乐，能够活跃课堂气氛。

(二)体态语

体态语在英语教学中运用的频率很高，方式很多，直接影响着教学效果。教学中，英语教师的手势、动作、示范、面部表情、神态、发音的口形示范、语调、声音等和语言相结合，能够创设语言环境，渲染语言气氛，吸引幼儿的注意力，帮他们迅速完善地感知理解学习内容，提高感知的效果。

例如，在训练幼儿朗读时，读升调时，手往上提；读降调时，手往下降；该停的地方，手在空中挥拳。

(三)贯彻直观性原则的注意事项

(1)直观手段的选用要符合教学的目的要求和特点。

(2)直观教具的选用要符合幼儿的年龄特征和认识水平。

(3)运用直观手段，要与教师适当的讲解相配合。

(4)要重视运用语言的直观性。

(5)教师要合理考虑使用直观教具的数量、时间和地点。

二、趣味性原则

趣味性原则就是“寓教于乐”。幼儿时期，无意注意、无意记忆占优势，他们的学习更容易受兴趣支配。兴趣的产生主要来自于外界环境，受好奇心、好动的心理支配。幼儿的年龄越小，活动越缺乏目的性，他们不会因为应该做什么、应该怎样做而规范自身的行为，注意力不能长时间集中，不会做种种意志上的努力，各种活动几乎完全凭借外界的积极刺激。所以，只有教学活动的内容、形式、方法符合幼儿的心理特点，使他们感兴趣，才能唤起他们学习的主动性和积极性。这就要求教师在设计教学活动乃至实施活动时必须注重满足幼儿的兴趣需要，让幼儿在整个活动过程中保持较持久的注意力，身心处于活跃状态，这样他们的内在潜能才能得到充分发挥。在教学过程中的各个环节，教师都要做到张弛有度、劳逸结合，保护和激发幼儿的学习兴趣，使幼儿在愉快的气氛中，带着喜悦的情绪，全身心地投入到学习活动中去获取知识和技能。增强幼儿英语学习兴趣的方法有：

(一)有趣的内容

幼儿英语教学应与幼儿的日常生活和游戏活动结合起来。学习的内容必须是幼儿感兴趣的、熟悉的，也就是说，在选择主题、角色的时候，趣味性要强一些，例如画画、过家家、吃冷饮、串门等。

(二)有趣的环境

1. 语言环境

教师要创设良好的英语环境，初步引起幼儿学习英语的兴趣和愿望。教师可以有意识地、经常地给幼儿播放英语小故事、歌曲、诗歌，让幼儿观看英语动画片、翻阅英语图画书等。

2. 物质环境

物质环境对培养幼儿对英语的兴趣极为重要。在组织活动前，教师可根据教学内容，制作一些有特色的头饰、玩具，设置一个别出心裁的场景，这些都能较好地激发幼儿的兴趣，调动他们的积极性。

3. 精神环境

在英语教学过程中，不能仅局限于单调的听、说，可采用多种体裁的内容、形式，如将念儿歌、讲故事、唱歌、做游戏、绘画等活动融合在一起，做到说中有玩、玩中有唱、唱中有画、画中有说，丰富英语教学中的趣味内容，以引发幼儿学英语的浓厚兴趣。

(三)有趣的形式

1. 故事法

爱听故事是孩子的天性。教师可根据需要使整个教学活动以讲故事的形式贯穿始终，让幼儿扮演故事中的人物，听完故事后，让他们用英语进行表演。

2. 游戏法

游戏是幼儿英语教育活动的重要方法，不仅可以帮助幼儿集中注意力、提高记忆效果，培养幼儿对活动的情感态度，而且可以活跃课堂气氛。教师应根据不同的游戏活动和规则，促进幼儿的理解力、观察力、团队意识、规则意识等的提高。

3. 表演法

幼儿有较强的表现欲望。用英语表演小短剧，不仅可以培养幼儿勇敢、大方、自信、进取的优秀性格品质，而且对教育内容容易记、记得牢。

4. 说唱法

旋律对于幼儿有极大的吸引力。教师可让幼儿先听，然后再根据歌词即兴表演。歌曲在教学中就是调味剂，它可使气氛活跃，提高幼儿的学习兴趣，获得并巩固所学的语言形式，加深听力理解，激发幼儿的成就感，收到事半功倍的效果。

(四)有趣的教具

要善于利用有趣的辅助教具资源，如图片、投影、头饰、面具、手偶、录像等。因为幼儿靠纪律的约束来完成一节课的学习还有些困难，他们对于新鲜的、有趣的事物比较容易接受，也比较愿意学。

另外，教师还要注意趣味性原则在细节中的运用与发挥，否则容易造成大的失误。对于趣味性原则的运用，教师要善于观察，注意时时发掘，适时采用，使每个教育环节都充满趣味，让幼儿轻轻松松学好英语。

三、交际性原则

语言的交际性是语言最本质的功能。交际性教学的核心问题就是处理好语言形式、意义和功能之间的关系，围绕由语言形式所表述的内容和功能来组织活动。听说活动是幼儿英语学习活动的基本形式，其精髓在于创造机会使幼儿获得最大量的口语实践，通过多听多说多练，逐步熟练掌握语言，形成语感。

（一）创设真实交际情景

情景的创设必须紧密结合教学材料，把以材料为中心的练习活动向以生活为中心的练习活动转化，教师应尽可能地提供实物，或使用教室内的物景，如通过摆设桌凳，加上辅助教具设置各种场景，如商店、邮局、饭店、医院、街道、校园等，把问题情景、思维情景和活动情景有机交融起来，扩大幼儿的思维和交际时空，把幼儿获得的语言能力融入不同的语言环境中加以运用，最终达到语言为交际服务的目的。

如教授“颜色”（colours）时，教师问幼儿“Lily，could you give me the yellow crayon? I want to draw a lovely duck.”Lily 高兴地挑出自己黄色油画棒来递给教师，教师鼓励道：“You are so clever! You got it. Thank you!”教师将自己融入真实情景中，建立平等的师生关系，尊重幼儿的人格，可以激发幼儿的交际欲望。

（二）实现活动过程交际化

教师要努力激活整个活动过程，把交际活动贯穿于每一个教学活动之中，通过设计种种情景，开展丰富多彩的交际活动，便于幼儿边学边练，学用结合，使所学语言知识能够在运用中获得巩固和提高。在活动中，要把教师的主导作用和幼儿的学习主动性有机结合起来，在一种健康、良好、轻松向上的心理状态中进行交际，让幼儿亲自去经历交际和实现交际本领。

四、重复性原则

儿童的感觉、思维、智力、思想的最初发展需要的时间比较多，而且需要多次反复。蒙台梭利说：“如果反复进行练习，就会完善儿童的心理感觉过程。”“反复练习是儿童的智力体操。”同样，幼儿在英语学习中，需要有相当数量的听说实践量，教师应注意语言项目的反复循环，要给孩子反复听的机会，如每天坚持听英语，反复唱同一首歌，做同一种游戏，遵循理解、模仿、训练、交际的重复顺序。

第三节　幼儿英语教育目标与教学原则实训项目

实训目的：

通过对幼儿英语教学目标与教学原则的学习，加深学生对幼儿英语教学目标与教学原则的理解。

实训要求：

与小组同学交流、讨论幼儿英语教学中还应该遵循哪些教学原则，并做记录。

实训记录：

成绩评价表

指　标		满分	得分
1	上网查询了幼儿英语教学内容	10	
2	有相关学习笔记	20	
3	能参与小组讨论	20	
4	能在小组讨论中发表自己的观点	20	
5	能整理出多个幼儿英语教学原则	30	
总分		100	

第四章　幼儿英语教学方法

本章导读

俗话说：“教无定法，贵在得法。”本章介绍了英语教学常用的几种方法及各种方法的特点和局限，针对幼儿英语教学内容和幼儿年龄特点我们应该综合运用这些方法，更好地为英语教学服务。

第一节　直接法(The Direct Method)

一、直接法概述

直接法始于19世纪下半叶西欧的外语教学，它是将外语与客观事物直接建立联系的一种教学法，它强调用婴幼儿学习母语的方法，即“通过说话学说话”的方法来实现教学。直接法在外语教学史上起了积极的促进作用，成为以后教学法现代改革派的发端。直接法比较适合于以纯实用为目的的外语训练，对入门阶段比较有效。

二、直接法的主要特点

(1)充分利用直观教具，促进学生调动多种感官习得外语，使形象与语义直接建立联系，既符合学生语言学习的特点，又有利于活跃课堂气氛，激发学习兴趣，培养用英语直接思维、记忆、表达的习惯。

(2)重视语音、语调和口语教学，有利于培养幼儿的听说能力和良好的语感。

(3)重视以句子为单位进行外语教学，有利于学生完整的理解，培养学生直接运用外语的能力。

(4)只使用英语作为教学语言，使学生能获得更多的语言输入。

三、直接法的主要局限

(1)使用全英语教学，对教师的语言能力要求较高。

(2)忽视了母语在语言教学中的积极的一面——沟通阐释作用，不利于讲解一些抽象的语言知识。

(3)语法学习被完全抛弃，只靠机械模仿，不利于培养使用英语的正确性。

第二节　听说法(The Audio-Lingual Method)

一、听说法概述

听说法源于第二次世界大战结束前的美国，它把听说放在首位，主张先用耳听，后用口说，通过会话、强记大量固定短语和句型等语言结构的方式来进行教学。

在教学中听说法分四步完成，即认知、模仿、重复、变换和选择。

第一步：教师发出语言信号(主要是句型)，同时借助实物、图片、手势、情景等说明信号所表达的意思。

第二步：当幼儿理解了新的语言材料后，教师反复示范，幼儿跟着模仿，教师纠正幼儿的错误，幼儿再模仿。

第三步：让幼儿不断重复所学的语言材料，直到能背诵为止。

第四步：做变换句子结构练习，选择某些词汇、成语和句型，用来描述特定的场面、情景或某一事件，以培养幼儿运用学过的语言材料进行交际实践的能力。

二、听说法的主要特点

(一)强调听说领先，加强口语训练

语言首先是有声的，所以口语是第一性的，在学习语言的初级阶段，要先掌握听说，语言材料首先要经过耳听、口说，然后进行读写，没听的不说，没说的不读，没读的不写。

(二)强调变换操练，反复实践，养成语言习惯

听说法强调语言学习要靠大量的“刺激—反应—强化”的反复操练，通过模仿、记忆、重复、交谈等实践练习，形成自动化的习惯。听说法还主张从一开始就让学生确切

地理解、准确地模仿、正确地表达，尽量避免错误，发现错误应及时纠正，以避免错误形成习惯。

(三)广泛利用现代化教学技术手段

听说训练在幼儿英语学习中至关重要，教师要广泛利用现代化教学技术手段来加强幼儿听说能力的培养。听说法强调外部刺激对人的语言行为造成的反应，它认为的所谓“学习”无非是一系列刺激和反应的结果，说明了听说法是很注重语言环境的创设的。

三、听说法的主要局限

听说法主要具有下列局限性：

(1)把语言看作一系列“刺激—反应”过程，忽视了语言的内容、意义和语言运用的创造性。

(2)过分强调机械性的句型操练，脱离语言内容和社会场景，忽视语言的内容和意义，不利于培养幼儿运用语言形式恰当地交际的能力。而且机械性的语言操练比较单调，容易使幼儿感到枯燥乏味，造成课堂气氛沉闷。

第三节 情境教学法(The Situational Approach)

一、情境教学法概述

情境教学就是教师运用直观教学手段、电教媒体、丰富的想象力、表演、游戏、故事、讲故事等方式来创设所需要的教学情境，使幼儿根据这种特定的情境理解和运用知识。它可以从多方面激发幼儿的感知，调动幼儿的积极性和参与意识。将情境教学运用到课堂教学中，在很大程度上提高了课堂教学效果，以达到教学目的。

情境教学过程包括四个步骤：感知、理解、练习和活用。

二、情境教学法的主要特点

情境教学法的主要特点如下：

(1)强调语言与真实情景或设计的情景相结合。

(2)英语教学采用整体教学，强调语言内容的连贯性。

(3)日常生活情景对话是教学的中心。强调在日常生活情景中直接感知整体的语言，并在交流中学习和掌握语音、词汇和语法，有利于培养幼儿灵活运用语言的能力。

(4)视听并用，语言和情景紧密配合，以情景联系话语。

三、情境教学法的主要局限

情境教学法主要具有下列局限性：

(1)强调以情景为线索来选择和安排语言材料，但由于情景的设计常常是虚构的，因而情景中的话语并不能最大限度地满足幼儿言语交际的实际需要。

(2)过于重视语言形式，忽视交际能力的培养。

第四节 全身反应法(TPR，Total Physical Response)

一、全身反应法概述

全身反应法是美国心理学教授 James Asher 在 1966 年提出的。他认为语言学习要在大量的理解性听的输入基础上来培养说的能力，以口头形式发号施令，给予指示，并辅以肢体动作示范帮助学习者了解指令的意义，等学习者充分了解语句的意义时，再以肢体动作做出正确的回应，不但能减轻开口的压力，更能累积足够的信心。大量听力信息的接收与肢体动作反应相结合，能使学习的印象更深刻持久。

全身反应法的教学过程是：示范(静听)—模仿(动听)——边说一边动(全身反应)。

二、全身反应法的主要特点

全身反应法的主要特点如下：

(1)通过身体动作和其他直观手段创设语言环境，既有利于幼儿理解和掌握语言，又能活跃课堂教学气氛，激发幼儿学习英语的兴趣，让他们在身临其境的实际体验中学习英语。

(2)通过教师发指令，幼儿以身体动作对教师发出的指令做出反应，在大量理解性听的输入基础上培养幼儿说的能力。

(3)强调幼儿学习语言的情感因素，重视先听后说，而且不要求幼儿听后立刻说，降低了学习外语的焦虑感，对培养幼儿英语学习的兴趣、降低紧张情绪、增强自信心可以起到重要的作用。

三、全身反应法的主要局限

全身反应法主要具有下列局限性：

(1)比较抽象的概念很难用 TPR 来表示。

(2)重视听指令、做动作和说单个句子的能力培养，但对于对话和语篇能力培养有所忽视，不利于培养交际能力。

第五节　交际法(The Communicative Approach)

一、交际法概述

交际法又称“意念法”“功能法”或“意念-功能法”。产生于 20 世纪 70 年代，创始人是英国语言学家威尔金斯，它是以语言功能项目为纲，培养在特定的社会语境中运用语言进行交际能力的一种教学法体系。交际法是迄今为止影响最大、最富有生命力的外语教学法流派，对我国外语教学产生了很大的影响，运用交际法编写出的最有名的教材是《跟我学》(*Follow Me*)。

交际法的教学模式：热身运动—创设情境，呈现新语言材料—操练

第一步：热身运动

每节课的最初几分钟运用所学的日常用语进行交际活动，如幼儿之间的自由会话、会话表演、做游戏等，复习所学，体会语言的交际功能，激发学好语言的欲望。

第二步：创设情境，呈现新语言材料

创设情境，呈现新语言材料，将教学内容如对话、生词、句子都创设情境，体现语言的交际功能。

第三步：操练

以教学内容和幼儿为中心，循序渐进，按照控制性操练—半控制性操练—自由操练的模式来培养幼儿的交际能力。

二、交际法的主要特点

交际法的主要特点如下：

(1)以培养交际功能为宗旨。明确提出第二语言教学目标是培养创造性地运用语言的交际能力，不仅要求语言运用的正确性，还要求得体性。

(2)以功能意念为纲。根据学习者的实际需要，选取真实自然的语言材料，而不是经过加工后的“教科书语言”。

(3)教学过程交际化。交际既是学习的目的也是学习的手段，在教学中创造接近真实交际的情景并多采用小组活动的形式，通过大量言语交际活动培养运用语言交际的能力，并把课堂交际活动与课外生活中的交际结合起来。

(4)以话语为教学的基本单位。认为语言不是存在于孤立的词语或句子中，而是存在于连贯的语篇中。

(5)单项技能训练与综合性技能训练相结合，以综合性技能训练为主，最后达到在交际中综合运用语言的目的。

(6)对学习者在学习过程中出现的语言错误有一定的容忍度，不影响交际的错误能不纠就不纠，尽量鼓励学习者发挥言语交际活动的主动性和积极性。

(7)交际法强调以幼儿为中心，强调教学要为幼儿的交际需要服务。

(8)主张采用多种教学手段，不仅仅是一本教科书，而应该是“教学包”，即教师用书、辅导读物、挂图、录像、电影、电视等。

(9)让学生处于情景之中，身临其境地感受氛围，用英语进行交际，是交际教学的精髓。

三、交际法的主要局限

交际法主要具有下列局限性：

(一)功能项目问题

功能-意念项目多种多样，如何确定功能项目、确定语言功能项目的标准是什么、不同的第二语言教学需要多少语言功能范畴、如何科学地安排功能项目的教学顺序等，这些问题都没有很好地得到解决。

(二)语法知识的教学问题

用意念功能范畴不能完全取代传统的语法知识，强调语法教学只学使用(Use)、不学用法(Usage)，这实际上是行不通的；而培养语法意识又会影响能力的培养等。

(三)允许学生出现语言错误，但是需要掌握一个度

交际法教学对语言错误的认识可以让儿童敢于冒险去创造性地使用语言并获得更多的语言交流的机会，但需要掌握一个度。

第六节　任务型语言教学(Task-Based Language Teaching)

一、任务型语言教学概述

任务型语言教学是20世纪80年代兴起的语言教学方法，它是在交际法的教学思想基础上发展起来的，是交际教学的一种途径。它是以具体的语言任务作为学习的动机，以完成语言任务的过程为学习语言的过程，让学生在学习过程中不知不觉地习得语言。其核心思想是将人们在生活中运用语言所从事的各类活动通过不同的语言学习任务的设计引入课堂，把语言教学与学习者在日常生活中的语言应用结合起来。

概括起来就是“以应用为动力，以应用为目的，以应用为核心的教学途径”，有些教师形象地称之为“为用而学，用中学，学了就用”。

任务型教学途径是一种以人为本，以幼儿为中心，能体现语言价值的，先进的、有效的教学途径。它可根据幼儿的不同水平设计不同的任务化活动，让幼儿通过双边或多边的交互式活动，带着明确目标，与学习伙伴合作完成任务，从而最大限度地发挥幼儿的主动性和创造性，让幼儿在完成任务的过程中看到成就，体验成功，达到培养幼儿运用语言进行交际能力的目的。

任务型学习框架分为三个阶段：前任务(Pre-task)、任务环(Task Cycle)和语言聚焦(Language Focus)。任务的类型分为六种：列举型(Listing)、排序与分类型(Ordering and Sorting)、比较型(Comparing)、问题解决型(Problem Solving)、交流个人经历型(Sharing Personal Experiences)和创造型(Creative Tasks)。

二、任务型语言教学的主要特点

(一) 倡导真实的语言情景的创设

任务型语言教学倡导真实的语言情景的创设，输入真实的语言材料不仅能够提高幼儿的学习兴趣，而且有利于幼儿在完成任务过程中输出地道的语言，在真实的语言情景下产生真实的交际需要。

(二)倡导感知、体验、实践、参与和合作的学习方式

在完成任务的过程中，幼儿需要与同伴进行合作和交流，并运用已有的语言知识和技能在互相交流和合作的语言实践中建构新的语言知识和技能，发展能力，这也是建构主义在语言教学中的反映。

(三)有利于调动幼儿的多感官参与

在任务型语言教学中，幼儿是通过完成任务来习得语言的，在完成任务的过程中，他们需要和同伴合作、交流，也可能需要共同完成某个作品，幼儿需要充分发挥他们的审美、思维、观察、身体动作等多方面的智能，不同智能结构的幼儿也可以各展所长、相互合作，这有利于激发各类幼儿学习英语的兴趣，真正做到面向全体幼儿，为他们的终身学习打下基础。

三、任务型语言教学的主要局限

任务型语言教学主要具有下列局限性：

(1) 幼儿英语语言的表达能力有限，同时对于学习英语的目的性不是很明确，他们为了能尽快完成任务而在交流中一遇到困难就立即使用母语进行。

(2)任务的完成需要一定的时间，对于幼儿学习和知识掌握情况的反馈也就相对较慢，造成课堂教学时间和教学进度很难把握。

第七节 全息全感幼儿英语教学法

一、全息全感幼儿英语教学法概述

全息全感幼儿英语教学法由我国著名幼儿英语教育专家杨文老师独创，被列入中国当代外语教学法十大流派。全息全感幼儿英语教学法分为全息教法和全感学法两方面，通过听、说、用的不同训练，激发幼儿全方位的动机。

全息全感幼儿英语教学过程如下：

阶段		教师的教学过程 (全息教法)	幼儿的学习过程 (全感学法)
一	听	创设情景，展示语言材料	感知和理解语言信息
二	说	设计机械训练的活动	模仿并照原样说出
三	用	设计交际训练的活动	语言材料的复用、活用

幼儿对英语由听不懂到学会用，要经历三个阶段。

第一个阶段是“感知和理解语言信息”。为了做到这一点，教师要“创设情景，展示语言材料”。单纯的陌生的语言信息如果不辅以情景、动作、表情、道具等，是很难理解的。教师要注意材料的展示方式。

第二个阶段是“模仿并照原样说出”，也就是操作性练习。操练是为了帮助幼儿掌握语言知识而进行的重复性教学活动。在这一阶段，教师的任务是为幼儿“设计机械训练的活动”，让幼儿跟着教师模仿与重复。这一阶段的侧重点是语言形式的训练，即说“准确”。

第三个阶段是“语言材料的复用、活用”阶段。这一阶段教师的任务是“设计交际训练的活动”。教师应及时向交际训练阶段转换，创设和转换新的情景，将目的语从原来的情景中剥离出来，加深和内化幼儿对目的语的理解、记忆，给目的语的应用提供恰当的理由和充分的动机，突出本环节的交际性。

第二个阶段的标志是幼儿跟随教师进行语音形式的机械重复训练；第三个阶段的标志是在一定的语境下、为了一定的语用目的而尝试性地运用所学的教学内容，侧重语义、内容的掌握，侧重运用语言进行交流。

幼儿的学习过程分为三个阶段，与之相对应教师的教授过程也呈现出三个阶段。这三个阶段体现在幼儿身上，可归纳为三个字：听、说、用。在全息全感幼儿英语教学法中，这三个字，不只是单纯的语音信息的输入和输出，而是“全息”的输入和“全感”的输出。所以说，教师的“全息教法”和幼儿的“全感学法”共同体现在课堂教学的三个阶段。

二、全息全感幼儿英语教学法的主要特点

(一)采用多种手段

多种手段包括多种教学手段和多种教学方法。

“多种教学手段”包括：

(1)多种直观教具

(2)体态语

(3)情景创设

“多种教学方法”包括：

(1)音乐游戏法

(2)体育游戏法

(3)唱、跳、画

(4)讲故事

(5)做手工

(6)说唱法

(二)制造交际动机

交际填平了信息差。“信息差”指如果一个人拥有另一个人所不知道的信息，那么在这两个人之间就形成了“信息差”。让已知的一方通过“说”向未知的另一方传递信息，让未知的另一方通过“听”来接收信息，人和人通过交际交流了信息，达到了信息的平衡，完成了交际的过程，从而填平了信息差。

在幼儿的英语学习过程中，情景创设得当，就会形成幼儿之间的信息差，从而激发小朋友的交际动机。

(三)调动各种感官

调动各种感官主要包括“各种感官体验”和“情境参与”。

“各种感官体验”指：当充分调动幼儿的听觉、视觉、味觉、嗅觉、运动觉等各种感官时，幼儿的理解力、记忆力最强。

“情境参与”从三个方面来看：“视、听觉体验”“角色扮演体验”和“空间知觉体验”。

(四)注重无意学习

在教学过程中，要让幼儿意识不到是在学习。幼儿的自制力不强，注意力短暂，无意注意占主导地位，这些心理特点决定我们教师要采用妙趣横生、灵活多变的教学方式来掩盖枯燥的教学内容。

第八节　幼儿英语教学方法实训项目

实训目的：

通过对幼儿英语教学方法的学习，帮助我们正确选择适合幼儿英语学习的方法，并在实践中给予运用。

实训要求：

仔细阅读下列教学活动案例，完成实训表格。

本次活动中教师采用了哪些教学方法？

你对本次活动有哪些修改意见？

案例分析

活动名称：Traffic Light

活动内容：

Traffic Light

Red light，stop，stop，stop.

Yellow light，wait，wait，wait.

Green light，go，go，go.

活动目标：

1. 小朋友知道交通规则，并能遵守规则。
2. 小朋友在游戏中感到快乐，并能学会相应的交通规则。
3. 在活动中能主动开口说（用英语说交通规则）。

活动准备：

视频，自制交通灯，方向盘，警官帽，行车道，骰子，交通棋盘

活动过程：

Step Ⅰ：Warm-up

1. Greeting.（和幼儿打招呼。Good morning. How are you? Nice to meet you.）

2. Song：*Good Morning*

Step Ⅱ：New Learning

1. 给幼儿观看视频，问："What can you see?"

幼儿回答："I see..."（复习学过的"car""tree""building""red"等）

2. 再观看一遍视频，然后由教师总结我们看见了什么，引出新词"green light""yellow light""red light"。

3. 教师拿出自制交通灯，新授"green light""red light""yellow light"。

4. Game：Who is NO. 1?（教师不停变换灯的颜色，看小朋友的掌握程度，游戏由慢到快，看谁最快。）

5. 再看一遍视频，问："When we see the green light，what should we do?"引出"green light，go，go，go..."。

6. 新授"Traffic Light"。

7. Game：Dice Game.（玩法：有一个棋盘，每一格都被白纸蒙住，白纸下面是红黄绿灯。先由教师示范掷骰子，如果是4，则从箭头开始走4步，看4的下面是什么颜色的交通灯，如果是黄灯，则小朋友一起说："Yellow light，wait，wait，wait."再请小朋友掷骰子，小朋友一起说交通规则。）

Step Ⅲ：Practice

1. Game：Obey the Rule

玩法：小朋友每人拿一个方向盘，自己扮作车子，站在“行车道”上，配班教师当交通灯，教师带着小朋友一起看灯的颜色，遵守交通规则。在玩的同时提醒小朋友开口说英语。

2. 亲子游戏：小朋友请自己的爸爸妈妈当乘客，问：“Where are you going?”，一起玩游戏。教师当警察，对于不遵守交通规则和不开口说英语的车，给予罚一轮不准上路的处罚。

延伸活动：

户外玩交通规则的游戏，在家和爸爸妈妈玩游戏，提醒爸爸妈妈开车要遵守交通规则。

（本教案由华中科技大学附属幼儿园付洁老师提供）

成绩评价表

指　标		满分	得分
1	能参与小组讨论	10	
2	能在小组讨论中发表自己的观点	20	
3	能指出 3 种教学方法	30	
4	能说出改进的意见	20	
5	能整理出多个改进教案	20	
总分		100	

第五章　歌谣在幼儿英语活动中的运用

本章导读

歌谣包含儿歌(童谣)、诗歌、歌曲等，许多儿歌(童谣)、诗歌都以chant的形式出现。它是一种行文简单、节奏明快、充满童趣、朗朗上口的说唱形式，因符合幼儿心理特点，节奏、韵律强，易引发幼儿的快乐情绪，在幼儿英语活动中经常采用并受到幼儿的喜爱。

第一节　幼儿英语歌谣活动概述

一、幼儿英语歌谣活动的意义

幼儿英语歌谣活动具有如下意义：

(1)开发右脑，增强记忆力。

(2)活跃课堂气氛，提高学习兴趣。

(3)调动情绪，吸引注意力。

(4)训练语感，辅助教学。

(5)了解文化，拓宽视野。

(6)开发多元智能，提高整体素质。

二、幼儿英语歌谣的特点

幼儿英语歌谣具有如下特点：

(1)语言浅显，多重复，易懂易记。例如歌曲 *Good Morning to You*。

(2)韵律优美，节奏强，易诵易唱。例如歌曲 *Twinkle, Twinkle, Little Star*。

(3)形象具体生动、易感易知。例如：

Animal Sound

Kitty, kitty, meow-meow-meow;
Doggy, doggy, woof-woof-woof;
Duck, duck, quack-quack-quack;
Piggy, piggy, oink-oink-oink;
Cow, cow, moo-moo-moo.

(4)富于动作性，易演易记。例如歌曲 *Head, Shoulders, Knees and Toes*。

三、幼儿英语歌谣的选择

(一)选材有趣，贴近生活

教师为幼儿选择的歌谣应是他们熟悉和关心的内容，生动、活泼、充满童趣的歌谣才会被幼儿认可和接受。

(二)内容恰当，易于理解

幼儿以机械记忆为主。简短重复的句式有助于幼儿理解歌谣。教师所选的歌谣要适合幼儿年龄、心理特征。例如：

Roll the Ball

Roll, roll, roll the ball,
roll the ball to me.
Roll it, roll it, roll it,
roll the ball to me.

(三)原版歌曲，体现文化

教师应把国外幼儿歌曲中那些原汁原味、耳熟能详的优秀作品作为首选活动内容。地道纯正的语言材料能充分发挥幼儿学习语言的优势，保证幼儿正确的感知，培养良好的语感，体验了解西方文化。例如：

We Wish You a Merry Christmas

We wish you a Merry Christmas
And a happy new year.
Glad tidings we bring
To you and your kin,
Glad tidings for Christmas

And a happy new year.

第二节　幼儿英语歌谣活动的实施与指导

一、多途径学习歌谣

(一)运用图片、实物、手偶等直观教具呈现歌谣

借助直观教具可以寓教于乐，激发幼儿兴趣，巩固深化所学歌谣，给幼儿留下深刻的印象。

(二)提供准确的语音材料让幼儿倾听、模仿

在英语活动中，可以通过直接听 mp3 或者教师唱、观看多媒体影像等，让幼儿整体感受，多去体验。通过观看多媒体影像可以引导幼儿感知语言和图像的意思。如 *Who Stole the Cookie from the Cookie Jar* 这首歌，幼儿理解“stole”和整个故事是比较困难，但是通过图片、动画片就能让幼儿们整体感知，从而更清楚地理解歌曲的内容。

(三)运用律动表演歌谣

这种方法适用于歌词简单、重复多的歌曲，并且歌词内容是可以通过肢体表现出来的。比如 *Head*，*Shoulders*，*Knees and Toes* 这首歌，教师可以唱出某一个身体部位时，就立刻将双手放在该部位上面，刚开始可以慢速唱跳一遍，之后可以通过加速或者改变身体部位的顺序来调动幼儿积极性，在愉快的参与过程中，他们既掌握了学习目标也活动了肢体，陶冶了情操。

(四)运用故事、动作、图画等形式帮助幼儿记忆歌词

这种方法适用于歌词内容相对简单，可以用情景表现出来的歌曲、歌谣。教师可与助教一起配合，利用准备的道具或者实物来演绎歌曲中的情景。如 *Five Little Monkeys* 这首歌中，教师和助教可以通过一个打电话，一个控制五只猴子的方式来演绎这首歌，幼儿在教师的表演中，明白了在床上乱跳会很危险，会摔下来把头磕到，然后妈妈会打电话给医生，然后把猴子送到医院去。在每一只猴子送到医院后，孩子们会明白这首歌的内涵，并且很愉快地去模仿和跟唱。因此，教师在让幼儿感知理解歌曲的时候，要充分表现歌曲中的动作和情绪，这样会让幼儿多感官地参与其中，快乐地学习。

(五)设计游戏巩固歌谣

在学习歌曲 *Ten Little Indian Boys* 时，教师设计活动“快来！快来！数一数！”。画一

条起跑线，排着10名印第安男孩，引导幼儿说：来数一数“one Indian two Indians... ten Indians”。

(六)运用所学知识引导幼儿改编歌谣

如教师在教授动词短语“nod your head”后，将此动词短语改编成了歌谣：
“Nod nod nod your head；nod your head a year；
merrily merrily merrily merrily；
nod your head a year.”

二、多环节利用歌谣

(一)歌谣热身

Classroom Song

Shi！Be quiet
Raise your hand，raise your hand，raise your hand
Shi！Be quiet
Raise your hand，listen，listen，listen
Make a circle，big and round，big and round，big and round
Make a line，then sit down.

通过歌曲，可以让学生很快地进入英语学习氛围，集中注意力。

(二)歌谣导入新课

通过歌曲*Head，Shoulders，Knees and Toes*，导入新课“Body”，使学生理解教学内容从而自然进入新课讲授。

(三)歌谣突破难点

动词短语“wash our face”“comb our hair”“brush our teeth”较难发音和记忆，可以通过下面的歌谣学习，帮助幼儿掌握：

This Is the Way

This is the way we wash our face，
Wash our face，wash our face.
This is the way we wash our face，
So early in the morning.
This is the way we comb our hair，
Comb our hair，comb our hair.

This is the way we comb our hair,
So early in the morning.
This is the way we brush our teeth,
Brush our teeth, brush our teeth.
This is the way we brush our teeth,
So early in the morning.

(四)歌谣巩固知识

学习了四季，可以通过本歌谣进一步巩固四季单词和对四季的描述：

Four Seasons

Warm spring, hot summer,
Golden autumn, silver winter,
Spring comes before summer,
Autumn comes before winter.

(五)歌谣应用，拓展知识

Tooth Family Song

This little baby only has two teeth, just two teeth, just two teeth.
One on top and one beneath, and he drinks milk all day long.
This little girl says what shall I do? I had my teeth, but I've lost two.
Her mother says Suzie I can say to you, you'll soon grow plenty more.
This is my mother and she keeps hers clean. Brush, brush, brush, see what I mean?
This is my mother and she keeps hers clean, and she chatters all day long.
My grandad he only has two teeth, just two teeth, just two teeth.
One on top and one beneath, so he wears false teeth all day.
Clean them in the morning and at night. Children, grown-ups, keep them bright.
Then when you're old if you did it right, you'll still have all your teeth.

原汁原味的英文歌曲，既复习了家庭成员的称呼，还了解了牙齿的生长规律，知道要刷牙，保护好牙齿，开拓了幼儿的视野。

三、幼儿英语歌谣活动的教学步骤

一般来说，幼儿英语歌谣教学活动的设计分为四个阶段，即热身(Warming-up)、呈现新知(Presentation)、操练(Practice)、创造巩固(Production)。

(一)热身

热身活动可以使幼儿集中注意力、引发幼儿学习兴趣、自然导入，还可以复习旧知。

(二)呈现新知

幼儿对语言材料感知和理解的效果如何，在很大程度上取决于教师呈现知识的过程与幼儿的认知过程协调的效果。首先，教师展示、欣赏所要学习的歌谣。其次，利用多种形式对于需要掌握的词汇、句型进一步学习。最后，要让幼儿对于他们学习的歌谣的意义有所了解，多和他们讨论歌谣的内容本身，还可以让他们预测一些环节。

(三)操练

从学习英语的整体过程来看，任何一项语言技能都必须通过大量的操练才能获得。幼儿从感知、理解材料到实际应用语言进行表达的过程中，都离不开操练这个环节。

(四)创造巩固

在教学中，让幼儿在愉快、轻松的气氛中巩固新知，使得他们对新学习语言的记忆进一步加深，达到减少遗忘的目的。幼儿已基本掌握歌谣中的词汇、句型时，可以直接使用以下步骤：(1)播放，欣赏。(2)略讲词义，跟读。(3)逐步跟唱。(4)表演。(5)评价。

在教学过程中，不可能有一成不变的教学顺序，教师可根据具体情况加以调整。

案例分析

活动名称： Family Fingers

活动班级： 小班

活动目标： 认知目标：通过手偶游戏，理解歌词，巩固家庭成员的英语名称

情感与态度目标：唱一唱歌曲，体验英语音乐的快乐

能力与技能目标：能大胆尝试英语歌曲演唱

活动准备： 指偶若干个，视频

活动过程：

Ⅰ. Warming-up

1. Greeting

2. Review the words：mommy，daddy，sister，brother

Ⅱ. Presentation

1. 教师在大拇指上套上“mommy”的指偶，伸出右手 open，close，提问：“What is it?”回答：“Yes，it’s mommy finger.”

2. 教师带领幼儿呼唤：“Mommy finger，mommy finger，where are you?”教师伸出大拇指哼唱：“Here I am. Here I am. How do you do?”

3. 教师播放歌曲，幼儿感受旋律并学唱。

Ⅲ. Practice

1. 手指游戏

教师一边念歌词一边藏起大拇指与幼儿进行互动，幼儿跟念歌词，熟悉歌曲节奏，教师和幼儿一起玩“藏大拇指游戏”，可以藏在口袋里或背后，增强趣味性。

2. 教师和幼儿以互答形式学唱歌曲。

Ⅳ. Production

1. 教师播放视频，让幼儿了解其他手指的名称，哼唱歌曲。

2. Draw a lovely face on one finger. When you call “mommy finger” in the song, stretch the finger.

四、幼儿英语歌谣活动的注意事项

在开展幼儿英语歌谣活动时要注意以下事项：

（一）活动紧扣教学目标，不偏离教学目的

幼儿英语教学中说唱英语歌谣只是一种教学手段，并非目的。在教学中，有一种现象是过于注重活动组织的形式、趣味性，而忽视语言教学的实质和结果。或者是虽然对教学目的很明确，却在运用中把握不适度，从而偏离了学习英语知识的目的，其结果得不偿失。

（二）遵循学习规律，使用多种方法组织活动

幼儿园英语歌谣教学要遵循幼儿学习语言的一般规律“理解先于开口”，结合幼儿心理特点和生活特点进行教学，先听后说，多听再说，理解为先。教学中不强求幼儿对语音、词汇、句型的即刻呈现，而是运用各种方法和手段帮助幼儿先进行歌谣的理解，然后再说唱歌谣。

（三）语言示范清晰准确，保证幼儿正确感知、理解

幼儿是通过模仿获得语言的，因此教师特别要注意语言示范的规范性，提供给孩子的语言必须正确、清晰而自然。在幼儿学习语言的第一步，应避免含糊，要求发音清晰到位，使幼儿在清晰感知的基础上，进行纯正语音语调的模仿。歌谣的学习适合以反复

欣赏、逐步跟唱的自然习得形式进行。

（四）调动幼儿“多感”介入，营造气氛

通过全息全感的方法让幼儿运用多种感觉器官参与活动。用耳听、用眼看、用鼻闻、用手摸，让幼儿在看看、听听、闻闻、摸摸、想想、玩玩的过程中学习英语歌谣。

（五）灵活运用，适当延伸

教师应有意识地与幼儿共同进行一些生活化的、通俗、短小、朗朗上口的英语歌谣的创编，让幼儿在交往中、活动中自由地练习、运用。

（六）贯穿于各个教学环节

（1）在每一节课的开始时让幼儿说唱歌谣，可集中注意力。
（2）在课时进行中组织幼儿说唱，可辅助内容理解或前后阶段的转换。
（3）在一节课结束时和他们一起唱歌，可起到放松的作用。
（4）在幼儿安静地书写单词或阅读连环画时，可把歌曲作为音乐背景。

（七）淡化说唱的准确性，含蓄纠错

学唱英语歌谣是为了辅助教学。因此要淡化说唱的准确性，只要幼儿吐词准确、发音到位就可以。否则，有的幼儿会因为怕走调或跟不上而不敢开口。

第三节 幼儿英语歌谣活动实训项目

一、实训项目一

学唱经典英文儿歌 20 首

实训目的：

歌曲的积累是幼儿英语教师做好歌曲教学的基础，通过歌曲、歌谣的学唱，配上简洁明快的动作，可以为今后教学做准备。

实训要求：

1. 能准确、有表情地演唱规定曲目。
2. 节奏准确并配有动作。

附歌曲目录：

1. *Apple Song* 2. *Are You Sleeping* 3. *Bingo* 4. *Body Song*

5. *Butterfly* 6. *Color Song* 7. *Days of Week* 8. *Do, Re, Mi*
9. *Good Morning* 10. *Happy Birthday* 11. *Hello* 12. *If You Are Happy*
13. *Jingle Bell* 14. *London Bridge Is Falling Down*
15. *Merry Christmas* 16. *Number Song* 17. *Old MacDonald Has a Farm*
18. *Rain, Rain Go Away* 19. *Tooth Family Song*
20. *Twinkle, Twinkle, Little Star*

成绩评价表

指　　标		满分	得分
1	任选三首能熟练演唱	20	
2	曲调、节奏准确	20	
3	英语发音、连读、失去爆破等技巧掌握得好	20	
4	演唱表情、姿态自然	20	
5	演唱有动作	20	
总分		100	

二、实训项目二

模拟授课——*Row Your Boat*《划船歌》

实训目的：

通过模拟活动 *Row Your Boat*《划船歌》，使学生初步掌握幼儿英语歌谣活动的基本方式和技巧；明确幼儿英语歌谣活动的教学步骤，并把所学的幼儿英语教学法的理论知识运用于实践中，使理论与实践统一起来，掌握幼儿英语歌谣教学的基本规律。

实训要求：

1. 能根据提供的教案，完成本次教学活动。
2. 歌曲教唱准确，语音语调正确。
3. 教态亲切、自然。

活动名称： *Row Your Boat*《划船歌》

活动目标：

1. 感受与同伴一起“划船”的愉快心情。
2. 熟悉旋律，借助图片理解记忆歌词，初步学唱划船歌。
3. 愿意大胆参加歌曲表演。

活动准备：

1. 幼儿准备：幼儿欣赏过 *Row Your Boat* 英文歌曲。

2. 材料准备：歌曲图谱，手工制作小纸船若干(幼儿人手一个)，视频，幼儿用书。

活动过程：

活动一：热身游戏

游戏："Wolf，Wolf，What's the time?"(通过"老狼、老狼，几点钟?"的英语小游戏，充分调动幼儿情绪，烘托课堂气氛，为幼儿创造一个快乐的英语氛围，激发孩子们的学习兴趣。)

活动二：快乐的小船

1. 观看《划船歌》的视频，欣赏歌曲 *Row Your Boat*，让幼儿初步感受音乐的旋律，通过画面，了解歌曲内容。

T：OK，now. We are watching TV. Let's listen to the song about the boat. Listen carefully!

C：Music，please! (幼儿欣赏歌曲)

2. 再次欣赏歌曲，借助幼儿用书理解记忆歌词内容，集体熟悉歌曲的节奏和旋律，引起幼儿参与学习表演的兴趣。

T： Who can tell me? What can you see in the picture?

C1：I can see Cici/Gini/Tom and Tony.

C2：I can see two boats.

T： What are they doing?

C1：Cici is boating.

C2：Tony is boating.

T： Yes，They are boating! (教师引导幼儿回答)

3. 教师形象讲解歌曲图谱，帮助幼儿记忆。逐一教授歌曲中的难点句子："Row Your Boat"(划起船)，"Gently down the stream"(顺水向前划)，"Life is but a dream"(生活如梦)。重点区分单词"stream"和"dream"，引导幼儿学用鼻子发音的技巧，个别指导需要帮助的幼儿纠正发音。

活动三：划船啰!

1. 教师带领幼儿一起观看视频。运用 TPR 教学法，边唱歌曲边辅以动作理解记忆歌词。强调动作美，划船动作要协调，否则"小船"难以前进!

T：Let's sing the song together. Let's boating! OK?

C：OK!

T/C：Ready，GO!

2. 幼儿分组表演，请幼儿自评"表演划船谁最棒?"

T：Now play group by group，and I will ask children to say which group is the best. (评价：孩子们通过游戏，在游戏中习得英语，同时也培养了孩子们的交往、合作能力。)

3. 引导幼儿跟着音乐边唱歌曲边"划船"划出活动室，歌曲游戏表演结束。

T/C：Row row row your boat…

活动延伸：

1. 根据幼儿的兴趣时间分组，请幼儿拿着纸船边表演边唱划船的英文歌曲。

2. 可把幼儿折的纸船放入美工活动区。

3. 可建议爸爸妈妈带着幼儿到公园去划船，真实体验、切身感受划船的乐趣并积累生活经验。

（本教案由华中科技大学附属幼儿园付洁老师提供）

成绩评价表

指　　标		满分	得分
1	教学准备充分	20	
2	教学过程完整	20	
3	歌曲教唱准确，语音语调正确	20	
4	教态亲切、自然	20	
5	能对教案进行适度修改	20	
总分		100	

第六章　游戏在幼儿英语活动中的运用

本章导读

游戏是幼儿最喜欢的活动之一，幼儿在游戏活动中获得经验，形成对周围世界的认识与理解。游戏能够让幼儿积极地去学习并且寓教于乐，是有效达到教学目标的重要途径之一。

第一节　幼儿英语游戏活动概述

一、幼儿英语游戏活动的意义

(一)激发幼儿学习英语的兴趣

英语学习，兴趣为先。儿童学习是从游戏开始的，他们的天性就是喜欢游戏。英语作为一种语言本身比较抽象、枯燥，加之英语语言环境不足，幼儿不免会产生陌生感。把游戏活动引入课堂，可以使英语变得形象、具体、有趣，顺其天性，起到激发幼儿英语学习兴趣的神奇作用。

(二)促进幼儿身心全面发展

游戏是促进儿童全面发展的最好活动形式。在游戏中，儿童的心理过程和个性品质得到更快的发展。通过游戏活动我们可以促进幼儿的想象力、创造力、语言表达能力及处理问题能力的提高。

(三)体现教育的包容性和灵活性

教育的包容性和灵活性是幼儿“有意义学习”的核心。

幼儿在游戏活动中能体现个体学习的特点和差异，教师通过观察与了解能够及时反思教学活动并改进教学活动，以帮助每个幼儿得到更好的发展。

二、游戏活动设置的原则

（一）整体性原则

幼儿英语教育也是学前儿童教育大系统中的一个子系统，幼儿英语游戏的选择和设计也要求把英语学习融入到健康、社会、科学、艺术等领域。对不同领域知识、技能的整合，认知与情感的整合，是儿童整体和谐发展的保证。

（二）目的性原则

游戏活动应围绕教学目标开展，教师根据教学目标来选取最适合的游戏，如教学目标是身体部位的词汇，教师可以设置“机器人”的游戏，让孩子们自己给机器人组装身体部位，最终达到孩子熟悉身体部位词汇，会说“eyes”“shoulders”等的目的。

（三）适度性原则

第一，游戏难度要适宜。要以幼儿已有的社会生活知识和经验为基础，只有当游戏内容与幼儿生活密切相关，幼儿才会积极地去参加游戏活动。如“打电话”的游戏等。

第二，游戏内容要考虑幼儿的感知思维和具体形象思维等特点。幼儿的思维是建立在环境的具体形象上的，因此，丰富且直观的语言情景能帮助幼儿感受和开展游戏。如教师在教授颜色课的时候，可以准备几个空瓶子变魔术，先示范一个，然后让幼儿自己变，再通过不同颜色的物品和玩具，让幼儿去寻找，然后交给教师，比赛谁找得快，让幼儿能在快乐的竞争游戏中达到教学目标。

（四）趣味性和多样性原则

游戏要符合幼儿身心发展特点，内容具体生动，形式简单活泼，让幼儿在轻松的氛围中去参与教学活动。如可以模拟农场的场景，让幼儿们扮演不同动物，通过模仿动物发出的声音，感知不同动物的不同叫声，在有趣的环境中，达到学习动物单词的目标。

（五）交际性原则

语言是一种交流工具。幼儿只有在社会交际的过程中学习和使用英语，才能培养英语的语感和增强语言的运用能力。如教师可以设置“超市”的场景，让幼儿去买东西。在游戏活动中，幼儿作为游戏的主体，会模拟平时生活中和爸爸妈妈去买东西的样子，教师在其中可以充分了解每个孩子语言发展区的差异，帮助不同的幼儿练习，帮助一些能力偏弱的孩子建立自信心，发展他们的社交能力。

(六)多感官参与原则

幼儿阶段是多种感官发育时期，在游戏中，教师要借助夸张的表演和激情，运用视觉、听觉、触觉等充分调动孩子的感觉器官，加强其对游戏的感知力，使他们的眼、耳、手、足等多个器官共同协调合作，以促进幼儿语言表达能力和表现能力的提高。如教师在英语故事 *The Little Red Riding Hood* 的活动中，利用各种惟妙惟肖的表达来演绎这个故事中的人物，让幼儿从不同的语音、语调中体验故事，从而理解故事的内容。

三、游戏的分类

(一)音乐游戏

音乐游戏能发展幼儿听觉，使其掌握一定的发声技巧和提高身体的协调能力。此类游戏可以加入律动和舞蹈等元素，幼儿在明快的音乐中同时学习和练习语言，发展了多元智能。教师可以选择一些富有童趣的舞蹈动作或需要协调身体动作的歌曲，让幼儿在玩中学。

(二)角色游戏

角色游戏是根据幼儿自身的兴趣和愿望，模仿和扮演甚至去创造角色。3~5岁的幼儿普遍喜欢角色扮演的游戏形式，他们通过模仿情景中的人物，来感受不同人物的情绪和语言特色，学习按照角色的不同来使用不同的语言，甚至创造性地使用语言，因而角色游戏能很好地促进幼儿英语口语及情商的发展。

(三)智力游戏

智力游戏是以智力活动为基础的有规则的游戏，它与语言游戏、数学游戏等传统的教学游戏有密切的关系。在幼儿智力游戏中，运用多种感官参与，通过观察、思考、记忆等方式来完成游戏，对幼儿的心智有极大的促进作用。

例如，接龙游戏："What Could It Be?"

What is on your bed? A box is on my bed. What is in the box? A boat is in the box. What is in the boat? A bus is in the boat. What is in the bus? A bike is in the bus. What is on the bike? A basket is on the bike. What is in the basket?...

(四)体育游戏

体育游戏是根据一定的体育任务设计，由一定的动作和规则组成的身体训练。它要求幼儿对信号和游戏环境的变化做出迅速的反应。体育游戏要符合幼儿的身体发展水平。在这类游戏中，信号是用英文发出的，在各种动作中加入英文词汇或者句型，十分有利于幼儿多元智能的发展。

第二节　幼儿英语游戏活动的实施与指导

一、幼儿英语游戏活动的教学步骤

（一）游戏活动前准备（Warm-up）

准备阶段：教师在游戏活动之前，要考虑英语游戏的现实条件，包括时间、场所等因素，同时需要准备游戏道具及与游戏相关的动作、指令等，目的在于保障游戏的顺利实施及帮助幼儿感受游戏的氛围，引发幼儿参与游戏的兴趣。

热身阶段：采用歌曲或者律动等方式，引导幼儿进入全英语的环境中，促进幼儿情绪的高涨。

（二）游戏规则讲解

英语游戏开始前要向幼儿介绍游戏的玩法和规则。游戏玩法是指对幼儿在游戏中动作和活动的要求，而游戏规则是指评定孩子们的动作和活动是否合乎要求的标准，让他们了解游戏的玩法才能保证游戏顺利开展，而游戏的规则能帮助他们摆脱自我中心，学会按照规则控制自我言行，协调同伴关系。

全英文教学中需要注意语言的简洁，给幼儿示范演示游戏规则和玩法。

（三）游戏活动过程

英语游戏进入教学核心阶段，英语教师要组织幼儿迅速进入英语游戏状态，引导他们自主选择或分配好角色，明确不同角色的任务，并且开始尝试游戏。这一阶段，教师在引导幼儿进行游戏活动的同时，还要注意监控，随时调整布局和进度，对遇到困难的幼儿要多鼓励、提示，培养他们的自信心和独立性。

（四）游戏活动评价

一轮游戏结束时，教师适时对游戏进行总结评价，落实奖励机制，奖励胜者，鼓励参与者，既是对幼儿的表现、游戏过程和游戏结果的一种总结，也是对游戏能否达到教学目标的一个评估，同时也是教师观察孩子、了解游戏进程、改进游戏指导策略的自我发展的重要途径。

二、幼儿英语游戏活动的注意事项

开展幼儿英语游戏活动时要注意如下几点：

(1)游戏要注重听说能力培养。

(2)英语游戏规则要简单，游戏前要明确游戏玩法与规则。

(3)英语游戏要关注幼儿积极的情绪体验。

(4)要加强观察与指导。具体如下：

①要观察幼儿对游戏的材料是否感兴趣。

②要观察幼儿游戏的玩法是否正确，是否遵守游戏规则。

③要观察幼儿的情绪与参与游戏的积极性，尤其是要观察他们的听说练习情况。

④要观察幼儿之间的交流与互动情况。

⑤通过观察，了解游戏所取得的效果。

(5)坚持错误容忍的原则。具体如下：

①对于非控制性错误，可以暂且“容忍”。

②教师要坚持用标准、清晰的发音为他们示范或者与他们进行交流，幼儿就能自然而然纠正错误，做到发音正确。

(6)有备无患，随机应变。幼儿英语游戏活动受诸多因素的影响，英语教师要精心选择和设计英语游戏，同时还要设计备用英语游戏，甚至临时生成新的英语游戏，以便灵活处理游戏过程中的一些突发情况。

三、英语游戏活动的基本用语

英语游戏活动中常见的基本用语如下：

Let’s play (a game).

Play in group of four. / Play in fours.

Are you ready?

Ready? Go!

You go first.

Who’s next? / Whose turn? / Whose go is it?

(It’s) your turn.

Are you finished? / Have you finished?

Time is up.

Hurry up! / Please hurry.

I’ll divide you in half.

I want you to work in groups.

Ready? Now we can start.

第三节　幼儿英语游戏活动实训项目

一、实训项目一

幼儿英语常用 20 个游戏学习

实训目的：

幼儿英语游戏组织是英语教学的重要组成部分，需要认真学习，熟练掌握，并根据教学内容灵活运用。

实训要求：

1. 能用英语组织完成常用幼儿游戏活动。
2. 能根据教学内容选择恰当的幼儿游戏活动。

常用幼儿游戏活动介绍：

游戏一

1. 游戏名称：Magic Box 魔术盒子

2. 游戏规则：

(1) 将准备复习或学习的物体装入魔术盒中。

(2) 请学生将手伸进盒子摸一摸，然后用英语说出来。

(3) 教师公布猜测范围，让学生猜猜盒子里有什么东西，然后自己伸进盒子摸，判断自己是否正确。猜中者可以自己盖笑脸印章，猜错者可以表演一个节目。

3. 游戏功能：适用于复习各种单词或句型 What's in it? Is it...?

4. 游戏举例：学习水果、文具等同类单词之后，课前复习可采用这个游戏，既直观，又富有情趣。

游戏二

1. 游戏名称：Pass

2. 游戏规则：

(1)学生依次报数，当遇到数字3或3的倍数或含3的数字，均以"pass"代替，错误者给小组减分。

(2)数字可以根据学生的学习情况而定，1~10可以取"2"，20以内可以取"3"，30以上可以取"4"或"5"。

3. 游戏功能：适用于操练、复习各类数字。

4. 游戏举例：学习数字1~20后，取数字"3"进行游戏，起加强、巩固的功效，学生感觉有挑战，同时又面向全体学生。

游戏三

1. 游戏名称：Guessing Game

2. 游戏规则：

(1)分别呈现图片，让学生熟悉并齐读。

(2)分别展现图片顺序，并翻转过来，让学生猜面向教师的图片是哪个英语单词。

(3)一次猜中者盖大笑脸；第二次猜中者盖小笑脸；第三次猜中者口头表扬一次；超过四次未中，教师公布答案。

3. 游戏功能：适用于课前、课中操练、复习各类新单词。

4. 游戏举例：学习文具相关单词后，此游戏帮助学生高频率、大面积巩固所学新知识。

游戏四

1. 游戏名称：Draw and Colour

2. 游戏规则：让学生听指令，画简笔画，并涂颜色。

3. 游戏功能：适用于课前热身活动、导入新课或小任务。

4. 游戏举例：学习食物、水果或文具单词后，让学生听指令，画画、涂色，在完成任务的过程中操练所学语音知识，如：

T：Draw an apple，color it green.

Ss：I like apples，I like green.

延伸游戏，也可以让学生自由画、自由涂色、自由表达。

游戏五

1. 游戏名称：Name of Group

2. 游戏功能：适合巩固字母或单词

3. 游戏的具体操作步骤：

当完成了本堂课字母或单词的教授后，马上开始进入游戏状态（以 a，b，c d 和颜色单词 red，yellow，blue，green 为例）。

T：Boys and girls，you are so clever.（这里用适当的汉语："作为对大家的奖励，我给每一组起一个名字。"）Now，each group I will give you a name！Group 1，you're A / red，Group 2，you're B / yellow，Group 3，you're C / blue，Group 4，you're D / green. Now，Group 1，what is your name？（Listen to the students）

Group 1：A / red.

T：Group 2，what is your name？

Group 2：B / yellow.

T：Group 3，what is your name？

Group 3：C / blue.

T：Group 4，what is your name？

Group 4：D / green.

T：Good，you are so clever！When I call your name，you will stand up，and speak it loudly！

这个游戏要求教师速度快，其诀窍就在于，当学生熟练后，你的眼睛盯着 A 组的同学，可是你却在说 B，C，或者 D，速度一定要快。

4. 注意事项：

（1）游戏的速度由慢到快。

（2）教师的眼神起着决定性的作用，教师的眼睛要盯着学生，让每个学生都感觉到教师的召唤，这才使本游戏达到了巅峰。

游戏六

1. 游戏名称：Listen and Touch

2. 游戏的适用范围：所有年级

3. 游戏功能：适合巩固新单词或词组

4. 游戏的具体操作步骤：

(1)讲授新单词。将单词(词组)卡片贴在黑板上或是将单词(词组)写在黑板上。

(2)轮流让两位学生到台上用充气棒槌抢拍所听到的新词(词组)。

(3)由教师随机朗读单词(词组)，学生用充气棒槌迅速指向所听到的词(词组)，抢先指到正确的单词(词组)的为胜方，这样就可以达到在很短的时间内对新单词(词组)进行有效操练的目的。

5. 注意事项：

(1)游戏的速度由慢到快。

(2)教师要注意新授单词的难点，针对难点单词多操练，力争让难点单词在每位学生心中留下深刻印象。

游戏七

1. 游戏名称：What's Missing?（哪一张卡片不见了?）

2. 游戏规则及步骤：

(1)展示6~8张图片(桌子上或立于粉笔槽内或黑板上)，让学生依次熟读。

(2)学生闭上眼睛，教师拿走卡片中的一张。

(3)学生睁开眼睛，让学生迅速反应：—What's missing? —... is missing.

(4)答中者适当奖励。

3. 游戏功能：适合于Warm-up Exercise(热身环节)或新授单词后的Practice环节。

4. 注意事项：

(1)游戏的速度由慢到快。

(2)教师要注意新授单词的难点，根据学生的掌握情况针对薄弱单词多操练。

游戏八

1. 游戏名称：Bingo

2. 游戏的适用范围：所有年级

3. 游戏功能：适合巩固新单词

4. 游戏的具体操作步骤：

(1)准备一张 3×3 的表格。表格如下：

(2)学生将所学的新单词任意摆放在表中，每格摆一个单词。

(3)教师不能看摆好的卡片，只任意说出表中的词汇，让学生们听，如果说的词与学生摆的词相同(每三个为一个单位，或横三个，或竖三个，或斜三个，只要三个连成一条线的词与教师说的词相同即可)，学生可马上举手喊“Bingo!”，表示胜利，喊“Bingo”数量最多者为赢者。

5. 注意事项：

(1)此游戏用于大班教学较好，人越多孩子参与面越广，能“Bingo”的几率就越高，孩子们参与活动的积极性也就越高。

(2)教师要注意前两三次的速度要慢一点，当学生适应后就可加快速度。

游戏九

1. 游戏名称：Who Is It?

2. 游戏的适用范围：所有年级

3. 游戏功能：适合巩固身体部位单词和描述人物特征的句子

4. 游戏的具体操作步骤：

(1)先复习身体各部位单词以及描述人物特征的句子。

(2)让一个学生来描述班里任意一个学生，如：“She is a girl. She has long black hair. She has two big eyes. She has a small nose. Can you guess? Who is it?”

(3)此学生描述完后，其他同学猜。猜对的一方为胜方，教师给予一定的奖励。有同学猜对了证明他说得详细、清楚，因此对进行描述的同学也要奖励。

5. 注意事项：

(1)上讲台的学生一定不能眼睛盯着他所要描述的学生说特征。

(2)上台描述的学生眼神要充满神秘感。

游戏十

1. 游戏名称："猜价格"游戏

2. 游戏规则及步骤：

(1)教师出示一件商品，各自然组选派一名同学到黑板前，依次站好。

(2)教师出示价格答案给其余同学。

(3)前面四位同学依次猜价格，其他同学则用 more(多)或 less(少)给予提示，直到猜对为止。

(4)猜对的同学为他所在的小组赢得 1 分。

3. 游戏功能：在教授数字的时候，在热身环节、复习和巩固操练环节可采用该游戏。

游戏十一

1. 游戏名称：Find the Cards

2. 游戏规则及步骤：

(1)选一名同学到黑板前，闭上眼睛。

(2)教师将一张学习卡片，如"watermelon"放于一名同学桌子里。

(3)教师说：One，two，go. 前面同学开始找卡片。

(4)其余同学给予提示。(当找卡片的同学离卡片很远时，其余同学小声读出单词"watermelon"；当找卡片的同学离卡片很近时，同学们大声读出"watermelon"。)根据同学们声音的大小来确定卡片的位置。

(5)给找到卡片的同学一定的奖励(一个小印章、一张小贴画……)

(注 1：教室范围太大，教师可以为找卡片的同学缩小范围，如：You can find it between Team 1 and Team 2.)

3. 游戏功能：适用于新授单词、短语或句子。

游戏十二

1. 游戏名称：Little Detective(小侦探)

2. 游戏规则及步骤：

(1)请一名同学上台当侦探，背对同学站着，闭上眼睛。在其余同学当中选一个当“间谍”。

(2)教师说：One，two，go. 小侦探睁开眼睛，转过身，开始寻找间谍。

(3)全班同学反复读教师指定的句子，“间谍”不能发声但必须做出口型，“侦探”在全体同学读完一定次数后找到“间谍”。

(注：教师可缩小寻找范围。如：You can find him/her in Team 1.)

3. 游戏功能：适用于新授句型时的操练环节，同时它适合练习较长、难度较大的句子。

游戏十三

1. 游戏名称：London Bridge

2. 游戏规则及步骤：

复习音标时，我们设计了这样的游戏：让两个学生戴上辅音音标头饰，用手搭起一座“伦敦桥”，让一组戴着元音音标头饰的学生通过“伦敦桥”，全班学生一起唱 *London Bridge Is Falling Down* 的歌。当唱到某一句时，音乐一停，“桥”垮了，谁卡在桥里，谁就要把该音标拼读出来。或者全班学生一起来拼读。该游戏还适合其他情况，如练习句子问答等。

3. 游戏功能：这种游戏参与的人多，可很好地复习音标，同时，优美的音乐愉悦了身心，大脑皮层的兴奋区得到了调整。这种方法比那种单纯的拼读效果好得多。

游戏十四

1. 游戏名称：看图猜物

2. 游戏规则及步骤：

在幻灯片上画出几个抽象的图形，打在幕布上，让学生猜。T：What's this in English? 学生有的把圆形猜成一个球、一个苹果、一个橘子、一面钟等，有的把方形猜成一本书、一张照片、一幅地图、一扇窗子等。学生可以大胆地发挥自己的想象力来猜，运用自己所学的知识来表达。教师这时把覆盖片加上，图形发生了变化，有的猜对了，有的没有猜对，有的还可以留给学生想象的余地。如圆形是一个孩子的脸，那么究竟是男孩还是女孩呢？还可以继续猜。

3. 游戏功能：这样的游戏富有创造性、挑战性，既能巩固所学知识、活跃课堂气氛，同时也能在游戏中开发学生智力、培养学生能力。

游戏十五

1. 游戏名称：听写接龙

2. 游戏规则及步骤：

以小组为单位进行接龙比赛，当教师念完一个单词后，一个同学上去只写一个字母，直到最后一个同学把这个单词的意思写出来为止。接着又从下一个同学开始听写另一个单词。每一个单词写完后都要进行评比：既要看是否正确，又要比速度。

3. 游戏功能：对于高年级的同学来说记忆单词、听写单词是很枯燥的，这种游戏法参与面广、听写形式活泼。偶尔改变一下听写形式，学生的积极性反而会更高。

游戏十六

1. 游戏名称：Warm and Cold

2. 游戏规则及步骤：

以教单词“pen”为例，可以把一支钢笔事先放在某个同学的抽屉中，让其中一个人来找，其他同学可以提示帮助齐声朗读“pen”，当寻找者接近目标时，同学们的朗读声就变得响亮；当寻找者远离目标时，同学们的声音就变得越来越弱，直到寻找者找到目标为止。

3. 游戏功能：该游戏改变了以往枯燥的单词操练，能更好地集中学生的注意力，同时也能培养学生的判断力。

游戏十七

1. 游戏名称：Mastermind

2. 游戏规则及步骤：

Step 1：Draw a short line on the board for each letter of the word you have chosen，for example，four lines for “mice”. 选好单词后，画出与所含字母数相等的横线。比如“mice”就画四根横线。

Step 2：Ask the students to think of English words with four letters. One student comes to the board and writes a four-letter word under the four lines. 要求学生尽量多地想出含四个字母的单词。一个学生到黑板前，在横线上写下一个含四个字母的单词。

Step 3: If none of the letters in the student's word are the same as the letters in your word, write"X" by it. If any letters are the same in the target word but in the wrong positions, write"○"for each correct letter. If any letters are the same in the correct positions, write a filled-in"●"for each correct letter. 如果此学生所写单词中的字母没有一个与你的单词一样，在它旁边写“X”。如果有相同的单词，但位置不一样，在相同的字母下画“○”。如果有相同的字母且位置一样，就写“●”。

Step 4: Different student try to guess the word and write their guess on the board. The student who guesses the correct word gets a point, and can choose the next word. 要求不同学生上去写下自己的猜测，猜对的得分，而且有权利选择下一个游戏的单词。

s	o	n	g	X
J	u	l	y	X
l	e	a	f	○
r	i	c	e	…

3. 游戏功能：This game concentrates the students' minds mainly on the spelling of new words. 此游戏重在加强学生对新单词拼写的注意。

4. 游戏举例：学习月份、食物等同类单词之后，课前复习可采用这个游戏，既直观，又富有情趣。

游戏十八

1. 游戏名称：Da Di Da Da 哒嘀哒哒

2. 游戏规则：

Step 1: Listen to the text several times. 让学生听你读课文若干次。

Step 2: You imitate the rhythm and intonate and express it in Da Di Da Da. 你模仿某一句的节奏，用哒嘀哒哒之类的吟唱和表示出来。

Step 3: The students listen and guess which sentence you imitate. 同学们根据你的节奏猜是哪一句话。

3. 游戏功能：适用于 Let's talk 和 Let's read 部分的学习。

4. 游戏举例：学习完对话后，进行操练，学生兴趣浓厚。

游戏十九

1. 游戏名称：Where Am I?

2. 游戏规则及步骤：

Step 1：Divide the class into some groups. 将全班同学分成若干个小组。

Step 2：In each group，S1 says some sentences. e. g.：I can have lunch there. I can see many students. They're having lunch，too. Where am I? 每个小组里，由一名学生说几个句子来描述自己所在的位置。由其他学生来猜一猜。

3. 游戏功能：适用于复习所学表示地点的单词。

4. 游戏举例：学习"canteen""library""playground"等单词后，可通过此游戏来复习，学生在充满挑战的游戏中，进一步巩固掌握新单词。

游戏二十

1. 游戏名称：Brain Storm

2. 游戏规则及步骤：

(1)教师可通过简笔画出示单词，或是读出某个单词，如"classroom"。

(2)请一组同学纷纷就这个单词展开联想，把想到的单词说出来。如"desks""lights""fans""blackboards""windows""students"等或"reading room""dining room""sitting room""bedroom"等。

(3)各组可就不同的词展开联想，也可就同一词展开联想，在词板上写下所联想的单词。

3. 游戏功能：适用课前、课后操练、复习各类单词。

4. 游戏举例：学习教室、学校的相关单词后，可通过此游戏帮助学生按类别高频率、大面积巩固所学单词。

成绩评价表

指　标		满分	得分
1	能完成5个随机游戏活动	20	
2	明确每个游戏的内容和规则	20	
3	能用英语完成游戏活动组织	20	
4	游戏过程流畅	20	
5	能客观评价游戏活动效果	20	
总分		100	

二、实训项目二

利用游戏活动完成歌曲 *Tooth Family Song* 教学活动

实训目的：

通过有效的游戏活动设计，完成歌曲 *Tooth Family Song* 教学活动。

Tooth Family Song

This little baby only has two teeth, just two teeth, just two teeth.
One on top and one beneath, and he drinks milk all day long.
This little girl says what shall I do? I had my teeth, but I've lost two.
Her mother says Suzie I can say to you, you'll soon grow plenty more.
This is my mother and she keeps hers clean. Brush, brush, brush, see what I mean?
This is my mother and she keeps hers clean, and she chatters all day long.
My grandad he only has two teeth, just two teeth, just two teeth.
One on top and one beneath, so he wears false teeth all day.
Clean them in the morning and at night. Children, grown-ups, keep them bright.
Then when you're old if you did it right, you'll still have all your teeth.

成绩评价表

指　　标		满分	得分
1	能完成 3 个游戏活动设计	20	
2	游戏目的明确，符合教学目标	20	
3	游戏易于课堂操作	20	
4	游戏英语指令清晰	20	
5	能客观评价游戏活动效果	20	
总分		100	

第七章　简笔画在幼儿英语活动中的运用

本章导读

简笔画是一种简洁、高效的直观教学手段，其简便易行、形象生动、直观性强的特点，能唤起儿童的注意力，提高儿童学习兴趣。恰当运用简笔画辅助教学是英语教师教学的必备技能。

第一节　幼儿英语简笔画活动概述

一、简笔画的定义

简笔画(Stick Figures)指利用简单的点、线、图形等符号来表现物象基本特性的简约、直观、形象、鲜明、生动的绘画形式。

二、简笔画的基本类型

(一)简笔画点、线的种类

简笔画的点有圆点、椭圆点、长点等。

线有横线、竖线、斜线、折线、弧线、波浪线、锯齿线、螺旋线等。

(二)简笔画几何图形的种类

简笔画几何图形有正方形、长方形、三角形、梯形、平行四边形、菱形、扇形、圆形、半圆形、椭圆形等。

（图片来源：www.jianbihua.org）

三、简笔画的画法（举例）

（一）学习文体用品

（图片来源：www.jianbihua.org）

（二）植物水果蔬菜

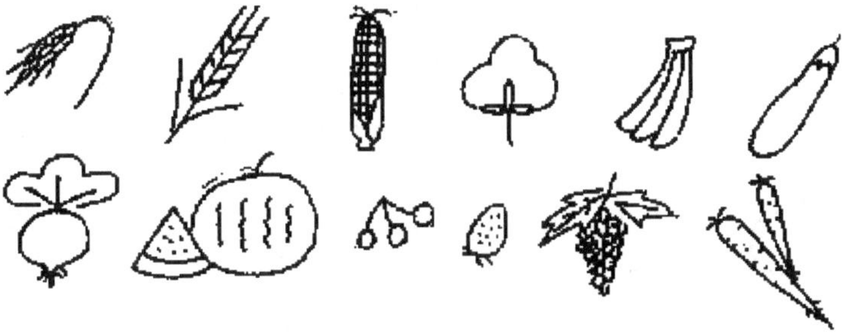

（图片来源：www.jianbihua.org）

(三)树木花草

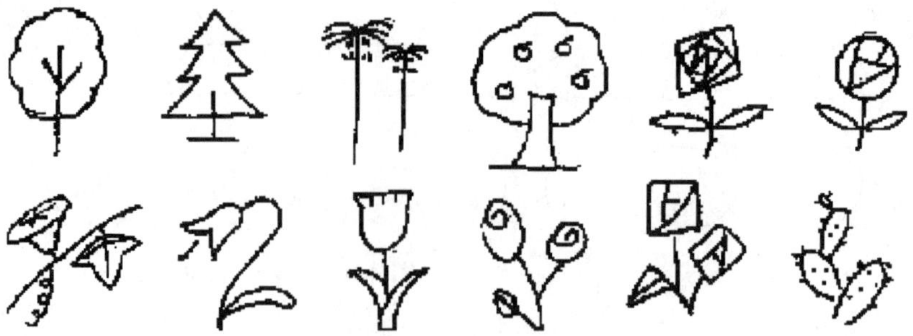

(图片来源：www.jianbihua.org)

(四)衣着鞋帽

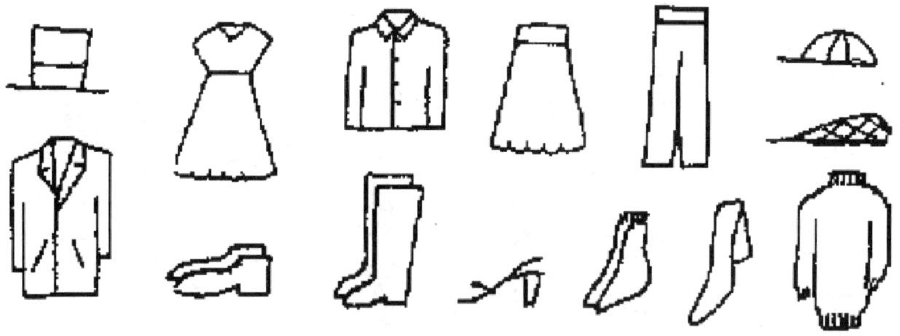

(图片来源：www.jianbihua.org)

(五)交通工具

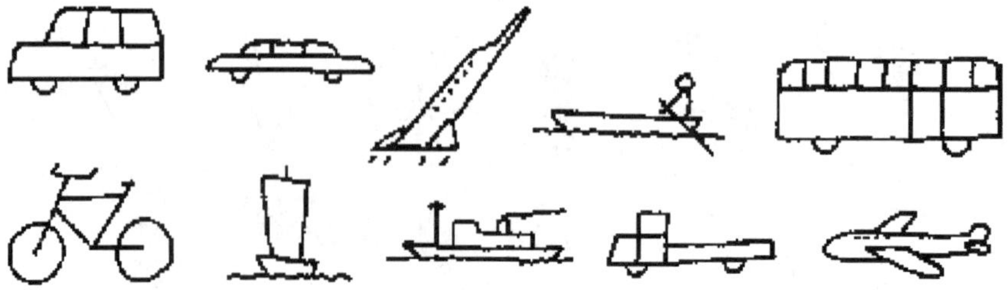

(图片来源：www.jianbihua.org)

（六）动物

（图片来源：www.jianbihua.org）

（七）不同年龄、性别、职业的人物

（图片来源：www.jianbihua.org）

（八）人物的动作

（图片来源：www.jianbihua.org）

第二节　幼儿英语简笔画活动的实施与指导

一、简笔画辅助词汇教学

(一)字母教学

看图片找字母

（图片来源：www.xiaotz.com.cn）

(二) 单词教学

1. 抽象名词

简笔画是词汇释义的最有效手段之一。它可以直接用于词汇释义，尤其是当有些词汇释义较为烦琐或现阶段英英释义无法开展，又不能把事物带进教室，使用简笔画就显得方便可行。

sunny　rainy　cloudy　windy　snowy

（图片来源：www.baidu.com）

2. 反义词

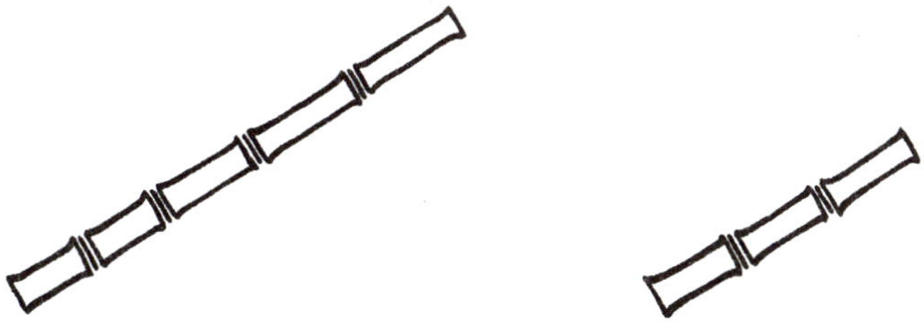

Long　short

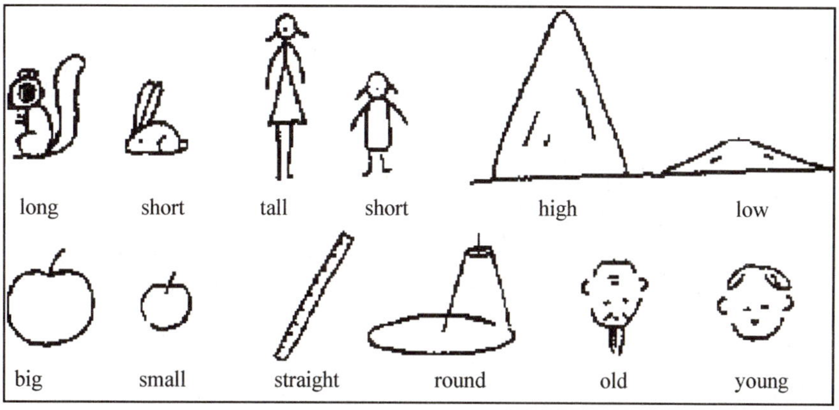

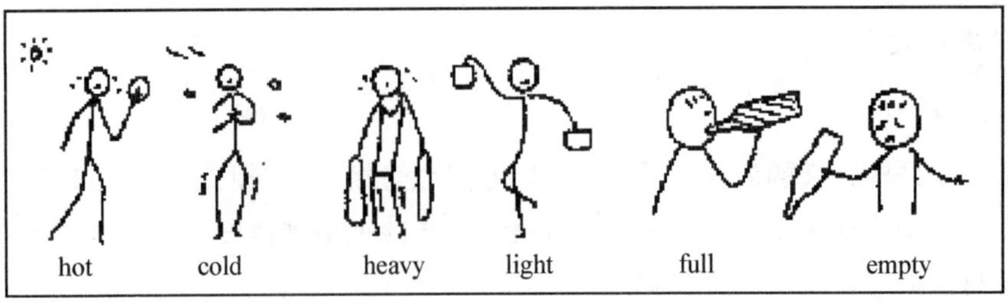

（图片来源：www.jianbihua.org）

3. 介词

（图片来源：www.jianbihua.org）

4. 比较级和最高级

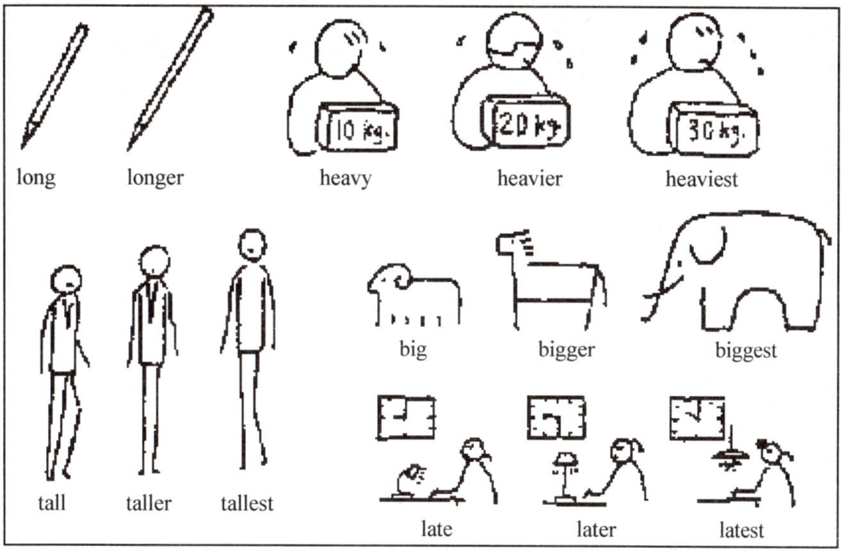

（图片来源：www.jianbihua.org）

5. 人称代词

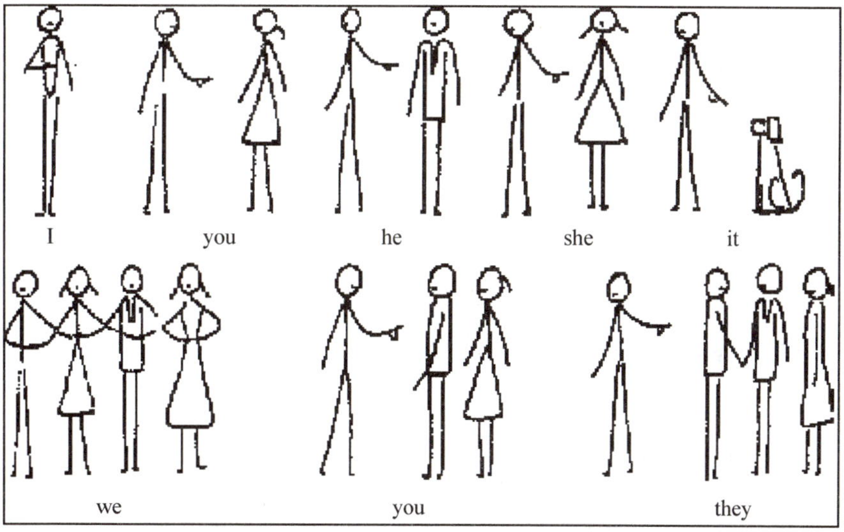

（图片来源：www.jianbihua.org）

6. 不定代词

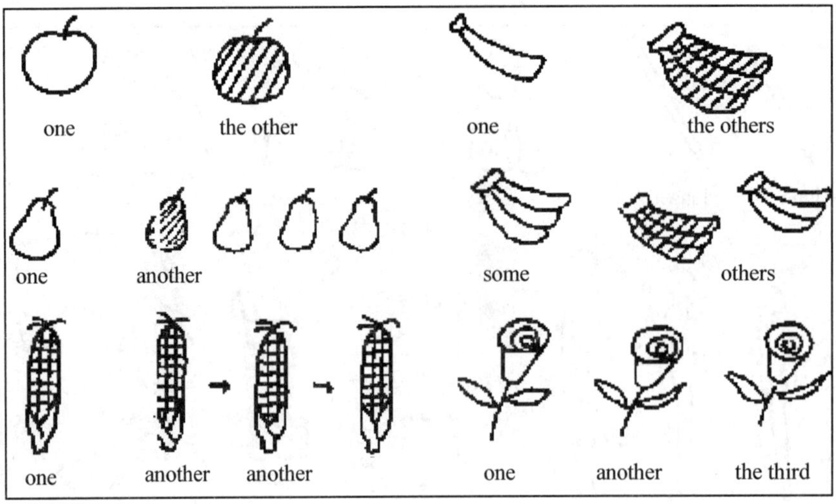

（图片来源：www.jianbihua.org）

7. 单词辨析

（图片来源：www.jianbihua.org）

二、简笔画辅助语法教学与句型教学

（一）比较级和最高级

进行形容词和副词比较级的教学是简笔画用于语法教学的典型实例。三棵依次增高的树就可以教学“tall，taller，tallest”：

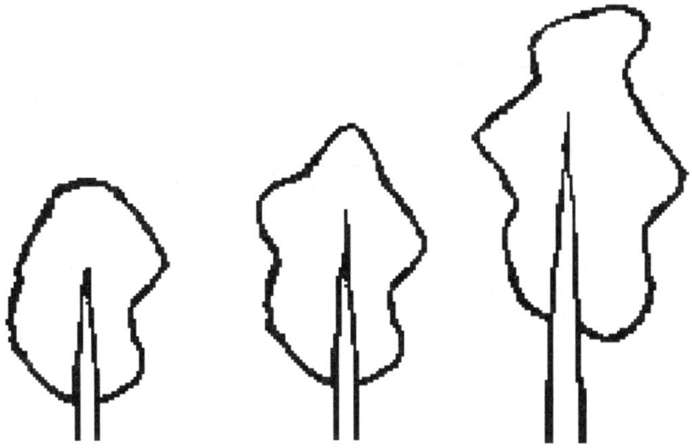

（图片来源：www.jianbihua.org）

（二）利用简笔画辅助句型教学

如："What's he doing? He's watching TV / listening to the teacher."见下图：

（图片来源：www.jianbihua.org）

三、创设教学直观情景

简笔画可将抽象的语言材料转化为形象的、易于学生接受的直观情景。如把几棵树、两个跳舞的人、一个树下坐着休息的人、一个伸展腰身的人和几个爬山的人组合在一起，就构成了郊游(outing)的情景：

（图片来源：www.jianbihua.org）

四、简易教具制作

钟表(旋转)式教学挂图

粘贴式、遮挡式挂图

（图片来源：www.jianbihua.org）

五、板书设计中的运用

板书设计是教师在教学过程中运用文字符号、绘图、列表等手段，有效提高教学质量的一种教学行为。简笔画最适合于在黑板上表达，它可以在教学中充当“催化剂”的角色。有许多很难进行的教学活动在它的加入下，能有效地发挥作用，并可以取得很好的效果。

“Time”为主题的板书设计：

（图片来源：www.jianbihua.org）

上图将繁杂的各个时段分别对应七个时间。在早晚时段方面，以太阳和月亮的钟表形象加以区分，既便于学生记忆，又能提高他们的兴趣。同时将太阳、月亮的钟表形象拟人化，使学生马上能产生一种亲切感。充分发挥学生的想象力，让学生觉得早上六点半时，赖在床上伸懒腰的那个小太阳就是自己；劳累了一天后，晚上十点时，香甜入睡的那个小月亮也是自己。

上图选择性地呈现了重点句型“What's the time, please? It's... o'clock. It's time to...”以及重点词组“have lunch”“do homework”等。这样不仅帮助学生归纳教学重点，而且培养了学生的概括能力。同时，课堂的趣味性、学科的整合性和艺术性也体现得淋漓尽致。

“Numbers”为主题的板书设计：

（图片来源：www.jianbihua.org）

教师将板书设计成一个小农场，将数字隐藏在图画中，让学生去找，这样一来学生马上就有兴趣，在游戏中无负担地学，在游戏中感知世界，得到实践的机会。

“Animal”为主题的板书设计：

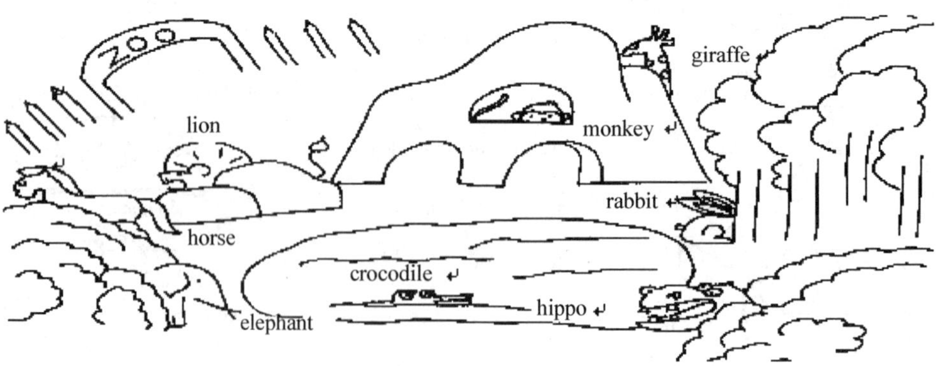

（图片来源：www.jianbihua.org）

教师将板书设计成一个小森林，不论是山后、树丛，还是水塘里，都有小动物的身影。学生通过对动物主要特征的判断来寻找，边找边学，将图画呈现于课堂，引出静态单词，这样学生看得见，摸得着，容易产生亲切感，有助于形象记忆。

“Colour”为主题的板书设计：

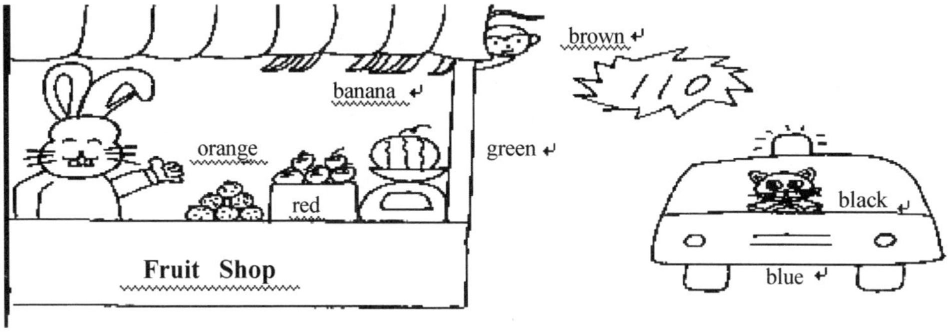

（图片来源：www.jianbihua.org）

上图并没有简单地采取颜料盘、看彩虹识颜色等方法，而是将颜色寓于故事之中：A white rabbit is a salesman. He sells yellow bananas，red apples，green watermelons and orange oranges. Suddenly a brown monkey took the bananas away. The white rabbit telephoned the police—110. 黑猫警长开着一辆 blue car 赶了过来，捉住了 brown monkey。在环环紧扣的故事环节中，学生不仅学会了各种颜色，还接受了很好的德育教育，同时也让学生知道了在遇到坏人时要拨打 110 的常识。

“Friends”为主题的板书设计：

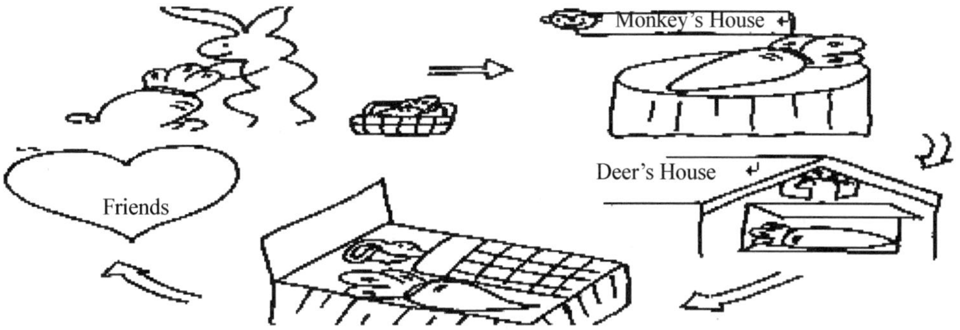

（图片来源：www.jianbihua.org）

教师将抽象的友谊融入故事中，让学生明白团结友爱的重要性。具体故事是这样的：小兔子拔了两个萝卜，她吃掉小萝卜，将大萝卜放到了好朋友——小猴子的桌子上；小猴子回家后，又将大萝卜送到了他的好朋友——小鹿的窗台上；小鹿看到大萝卜后，将大萝卜送到了他的好朋友——小兔子家。最后，三个好朋友分享大萝卜的过程，更是让学生明白了友谊的真正含义。故事结局既在情理之中，又在意料之外，深深吸引了学生的注意。

“Clothes”为主题的板书设计：

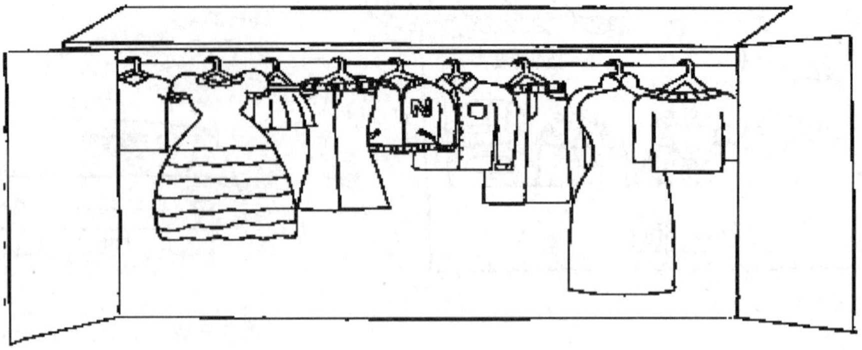

（图片来源：www.jianbihua.org）

教师设计了一个衣橱，让学生从中选择他们要穿到生日聚会上的服装，然后进行 Fashion Show 的表演。学生在挑选的过程中可以学习有关服装的词和句型，教师特意在衣橱中增加了连衣裙与旗袍的对比，让学生感受中西文化的差异，将文化知识渗透到英语教学中。

“Seasons”为主题的板书设计：

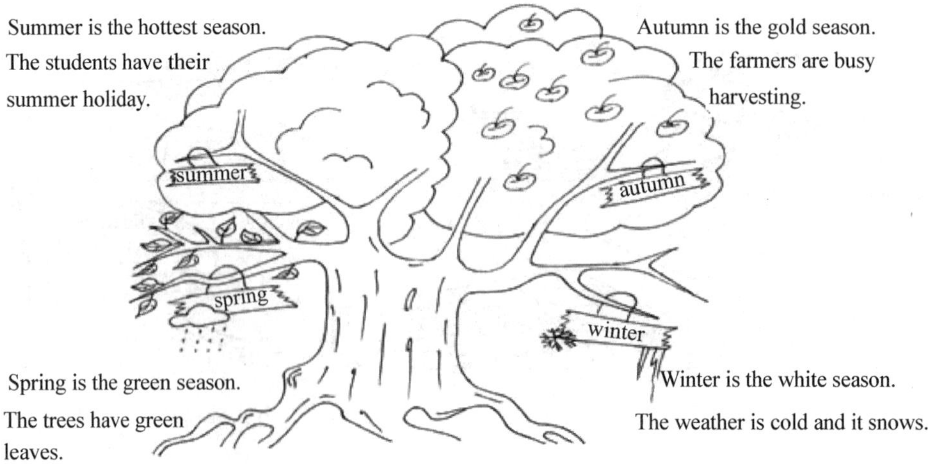

（图片来源：www.jianbihua.org）

先在黑板上呈现一棵树干，树冠则分为四个部分，随着四季的变化呈现不同的景观。春天以树木抽枝吐芽为特征，夏天则是枝繁叶茂，硕果累累的自然是秋季，而到了冬天则变为挂满冰凌的枯枝。图与新词、新句型同步出现，这样学生在表达时有据可循、有话可说。此时，整节课的板书内容已经全部呈现在学生面前，完全达到内容清晰、层次分明、重点突出的基本要求。

从上述案例中可以看出，Rome isn't built in a day. 板书和简笔画水平的提高是一个水到渠成的过程，不能操之过急，重在平时的积累和反复的练习。

第三节　幼儿英语简笔画活动实训项目

一、实训项目一

常用简笔画练习

实训目的：

简笔画的练习是幼儿英语教师的基本教学技能，应通过常用简笔画的练习，为今后教学做准备。

实训要求：

能熟练画出学习文体用品，植物水果蔬菜，树木花草，衣着鞋帽，交通工具，动物，不同年龄、性别、职业的人物，人物的动作。

成绩评价表

指标		满分	得分
1	能模拟 5 项以上专题内容	20	
2	形象逼真、生动	20	
3	布局合理	20	
4	能根据主题画出简笔画	20	
5	图意表达准确	20	
总分		100	

二、实训项目二

自选幼儿英语教材内容，用简笔画板书形式展现教学内容

实训目的：

根据教学内容，将简笔画综合运用到英语教学中。

实训要求：

1. 图文配置合理，重点突出。
2. 呈现形式(含文字)生动有趣，活泼醒目。
3. 分布有序，层次清楚，整体感强。
4. 图意表达准确、鲜明、简洁、生动。
5. 整体设计具有独创性。
6. 符合教学目标和语言目标。

成绩评价表

指标		满分	得分
1	图文配置合理，重点突出	25	
2	图意表达准确、鲜明、简洁、生动	25	
3	整体设计具有独创性	25	
4	符合教学目标和语言目标	25	
总分		100	

第八章　幼儿英语故事教学活动

本章导读

英国教育学家 Andrew Wright 指出："Stories are particularly important in the lives of our children; stories help children to understand their world and to share it with others."英语故事教学活动不仅可以让孩子学习、感悟英语，还可以用故事来传递信息、分享经验、了解文化。

第一节　幼儿英语故事教学活动概述

一、幼儿英语故事教学活动的意义

（一）真实的情感体验

如脍炙人口的英国著名童话故事 *The Three Little Pigs*，讲述了三只小猪长大后，各自盖了不同的房子，却遭遇大灰狼的故事。真实、自然、丰富的语言输入，能唤起儿童强烈的情感体验，告诉我们要勤劳肯干，不能追求华而不实的东西，要为长远打算。可见幼儿英语故事教学活动突出了语言的表意功能，有助于幼儿习得语言，为幼儿的想象提供了空间。

（二）良好的语感培养

认知好奇心是儿童喜爱故事的原始驱动力。英语故事本身往往具有人物性格鲜明、情节曲折生动的特点，再加上讲述者绘声绘色的讲述，能牢牢地吸引儿童的注意力，不仅能扩展幼儿的词汇量，培养他们自觉获取语言材料的能力，而且能够培养幼儿善于倾听的习惯和良好的语感。

(三) 有效的文化渗透

幼儿英语故事的题材范围广泛，幼儿日常生活经历、探险、童话故事、自然知识、动物故事等都可以作为故事的题材，以增强幼儿对各国文化的了解，从而渗透文化意识的教育。

二、幼儿英语故事选择原则

(一) 适应性

学龄前孩子注意力集中时间有限，我们要根据不同年龄段的孩子，选择不同长度的故事。一般来说，3~4 岁的孩子应选择 5~6 分钟的故事；4~6 岁的孩子选择 6~10 分钟的故事。不同年龄段的孩子对故事的接受程度差异明显，故事语言的难易程度应控制在学生的语言水平范围内，教师应该准确把握孩子的年龄、心理特点，并以此为依据设计选择适合孩子的故事情节、人物特征、事件背景等。

(二) 教育性

英语故事题材广泛、情节生动、构思简洁、主题鲜明，能以小见大，寓教育于启发之中。很多故事可以教育幼儿从小懂得辨明真伪、劝善戒恶，培养孩子观察力、想象力、创造力及培养孩子良好的学习、生活习惯等。

(三) 重复性

幼儿英语故事主题单纯、情节生动、结构紧凑，通过大量地重复短语和句子，不断地无意识地重复故事中的语言，习得语言也就在趣味性的故事活动中实现了。如 *Greedy Monkey*：

I want an apple. I want a banana. I want a pear. I want an orange. I want a peach. I want a strawberry. I want a watermelon. Oh! Poor monkey.

第二节　幼儿英语故事活动的实施与指导

一、幼儿英语故事活动的教学步骤

(一) 确定教学目标

幼儿英语故事活动的教学目标如下：

(1)向幼儿展示规范的英语，增强英语语言适应力。

(2)养成幼儿注意倾听的习惯，提高对英语的理解力。

(3)培养幼儿的语言表达能力与交际能力。

教学目标是教师选择故事的一个重要依据。如果教学目标是培养学生根据语境猜测生词意义的能力，则应选择含有可从上下文中推断出词义的单词的故事；如果教学目标为学习某一句型结构，则应选择这一结构重现率高的故事；如果教学目标是训练学生说话的条理性，就应该选择线索清晰的故事，以便于学生根据故事线索理解、复述故事。

(二)呈现、引入英语故事

在进行故事活动前，教师可根据故事内容的具体要求布置教室，制作一些教具，创设故事教学情景，也可设计一些与故事有关的简单问题，导入故事情节，或介绍故事内容的背景知识，帮助幼儿了解故事，减少学习障碍。教师可以通过以下活动达到目的：

(1)看图片或标题来猜测故事内容。

(2)看图片，围绕故事的标题或主题讲一讲图片内容。

(3)通过猜实物来引出故事。

(4)从幼儿自身的经历和感受出发就故事的主题开展讨论。

(5)教师讲述故事的大意，让幼儿画出关键图，然后再由幼儿照图猜测故事的内容。

(三)感知故事内容

教师可以采用录音、录像或口述等方式，通过语言、音乐、图画等视觉与听觉的多方位输入，使孩子对整个故事有一个大致的了解。他们只需听懂故事的大意或主线，而不必听懂故事中的每一个词。在感知故事时，用很自然的语调使故事听起来真实，教师会不时注视着孩子，观察他们是否都听懂，还会使用一些面部表情、肢体语言帮助他们理解故事。在感知的过程中，教师要引导孩子思考，并激发孩子去想象。

(四)围绕故事设计教学活动

通过多种活动让孩子学习相应的教学内容，实现教学目标。具体如下：

(1)听和做：让孩子们扮演故事中的某个角色。

(2)听和模仿：让孩子模仿故事中人物的声音。

(3)听和辨认：让孩子们边听故事边指出故事中对应的图画。

(4)听和反应：孩子们听教师讲故事，听到教师讲错时让他们拍手。

(5)听和着色：让孩子们听从教师的指令给故事海报涂颜色。

(6)听和画画：让孩子们画出故事中的内容。

(7)听和制作：让孩子们描摹并动手制作某个角色的面具。

(8)听和表演：让孩子们表演故事。

(五)学习故事后的延伸活动

1. 复述故事

讲完故事后，可让孩子复述故事(故事中部分情节或故事大意)，以培养孩子的概括能力，发展孩子的创造力。

教师可预设一些提问，激发孩子的好奇心和探究的欲望，放飞他们的想象和思维，为他们提供探究的空间，培养学生的创造力，使他们能够对所学知识进行再创造。

2. 表演故事

案例分析

Zebra and His Friends

A zebra is ill. His animal friends come to see him. They ask him, "What do you like to eat?"

The zebra answers, "I dreamed a dream last night. I saw a fruit in my dream. It is red, round, sweet and juicy, very tasty. I think the fruit can help me. Can you find one for me?"

"It's a litchi." the monkey says.

"No," the zebra says, "It's bigger than a litchi."

"It's an apple." the elephant says.

"No," the zebra says, "It's smaller than an apple."

"What is it?" animals ask each other.

"It's a plum." the fox says and go to find one.

"Yes," the zebra is happy, "It's just the fruit in my dream. Thank you very much."

这个故事完全可以转化成一个戏剧表演。

3. 创编故事

为了培养幼儿的创新意识，创造性地使用已学语言，教师在故事表演后可以鼓励他们改编或创编新故事。用短短的小故事将单词、句型灵活地运用起来，从而很好地巩固、整合知识，进一步提升幼儿语感。

如故事 *Zebra and His Friends* 可以创编成这样一个对话：

A：Can you guess what fruit is red, round, sweet and juicy?

B：I think it's a litchi.

A：No. It's bigger than a litchi.

B：I think it's an apple.

A：No, it's smaller than an apple.

B：I think it's a plum.

A：Yes，you're right.

二、案例分析

故事内容：

Once upon a time there were three little pigs.

The first pig built a house of straw.

The second pig built a house of wood.

The third pig built a house of bricks.

One night the big wolf came along and saw the first little pig in his house of straw.

He said"little pig，little pig，let me in."

"No，no..."said the little pig.

"I'll huff and I'll puff and I'll blow your house down!"

But of course the wolf did blow the house. The little pig ran to his brother's house.

The wolf then came to the house of wood.

"Little pig，little pig，let me in."

"No，no..."said the little pig.

"I'll huff and I'll puff and I'll blow your house down!"

But the wolf blew that house down too. The two pigs ran to their brother's house.

The wolf then came to the house of bricks.

"Let me in；let me in."cried the wolf.

"No, no..."said the pigs.

"I'll huff and I'll puff and I'll blow your house down!"

He blew and blew and blew, but the house didn't fall down.

He climbed onto the roof and jumped down the chimney.

He fell into the fire! Ooowww!

The three little pigs lived happily ever after.

活动目标:

1. 了解故事中的关键词"straw""wood""brick"。
2. 乐于参与英语活动，对故事内容感兴趣。
3. 学生能够理解故事并积极参与故事表演。

活动准备:

"straw""wood""brick"单词图片，狼头饰，小猪头饰，纸盒子三个。

活动过程:

1. 创设情境，教授单词。

T：教师拿出三个盒子放在教室中间，教师说："Look, here are three boxes. Today we are going to build a house. Oh, what's this? Straw.（幼儿跟读）I can use straw to build a house.（教师将图片贴在盒子上）教师说："I build a house of straw."教师用同样的方式引出"wood""brick"。

2. 听听、说说、贴贴。

T：I say, you do.（教师说单词，学生找出相应图片）

OK, it's your turn to build a house.（请幼儿选择自己喜欢的单词，贴到盒子上）

We build a a house of straw, a house of wood, a house of bricks.

3. 感知故事内容。

（1）欣赏课件，让幼儿初步了解故事内容。

（2）教师讲述故事，要注意根据角色变换声音、语气和动作，让幼儿听、看结合，帮助幼儿进一步理解故事。

4. 围绕故事的教学活动。

（1）听和做：教师再次将故事讲一遍，边讲边做动作，幼儿跟着做和模仿。特别是："Little pig, little pig, let me in."

"I'll huff and I'll puff and I'll blow your house down!"

（2）听和反应：教师将学生分成三组，分别代表三只小猪，幼儿能根据教师说的内容做出正确的反应。

（3）回答问题：针对故事内容提问。

"How many pigs are there in the story?"

"The first little pig built a house of straw, didn't it?"

"Did the third pig's house fall down?"

5. 故事延伸。

What happened then? 请小朋友畅所欲言。

教师让小朋友回家后将《三只小猪》的故事讲给爸爸妈妈听，告诉他们自己会是哪只小猪。

三、幼儿英语故事活动的注意事项

（一）充分准备

英语故事活动如果没有足够的铺垫，就会造成幼儿理解的困难，从而失去对故事的兴趣，因此，在讲完整故事前要进行充分准备和铺垫。如在教室内规划出一个可用来说故事的小空间。可根据故事场景、事件和人物需要而设计道具。尽可能地创设活动环境，但场景变化不宜过多。

（二）讲好故事

教师可以将要讲的故事写成故事纲要，从故事的主要人物入手，抓住主要情节，注意语音、语调和节奏。在讲故事时，说话是自发式的、自然的，用很自然的语调使故事听起来很真实；讲故事时教师要不时注视着孩子，观察他们是否都听懂，还要使用一些面部表情、肢体语言帮助他们理解故事。节奏有张有弛，使幼儿始终能够注意力集中。

（三）整合相关的学习内容

一个故事，无论是童话还是生活故事，对于幼儿来说，意味着不同层次的学习。

（1）聆听故事的时候，幼儿必须理解每一个具体的语言符号以及它们所代表的各个概念，这是第一层次的学习。

（2）透过语言和概念去认识故事所表现的一定的社会生活，实际上是幼儿借助故事来认识周围的世界，这是第二层次的学习。

（3）故事是语言的载体，幼儿在学习各种语言符号、概念，认识周围世界的同时，感受语言符号的不同方式，这是第三层次的学习。

（四）延伸活动

幼儿英语故事活动的延伸活动需注意如下事项：

（1）尽量贴近幼儿现有的生活经验。

（2）尽量使用幼儿已经学过的词语。

（3）如果出现生词，要考虑选用常用词和以后的学习中还会应用的词汇，并尽量在故事中加以重复。

教师讲完故事后，可设计问题让学生思考，提问能引起幼儿的一些设想，虚构出动人的情节、神奇的意境，应注意问题的启发性。

第三节　绘本教学

儿童文学研究学者罗西·怀特说：“绘本是孩子在人生道路上最初见到的书，是在漫长的读书生涯中读到的所有的书中最最重要的书。一个孩子从绘本中体会到多少快乐，将决定他一生是否喜欢读书。儿童时代的感受，也将影响他长大以后的想象力。”①绘本是国际公认“最适合幼儿阅读的图书”。

绘本(Picture Book)，顾名思义就是“画出来的书”，指的是文字与图画相辅相成的图画故事书，即用图画与文字共同叙述一个完整的故事，是图文合奏的，并表达特定情感和主题的读本。说得抽象一点，它是透过图画与文字这两种媒介在两个不同的层面上交织、互动来讲述故事的一门艺术。

一、绘本教学的意义

(一)绘本符合孩子的思维特点，更能激发学生的阅读兴趣

作为教师首先要考虑的是怎样培养幼儿的阅读兴趣与习惯。图画语言比文字符号更加直观，更加符合儿童形象性思维的特点，更能激发幼儿的阅读兴趣。

(二)绘本画面精美，富有内涵，能给孩子艺术审美的熏陶

目前优秀的绘本多数是世界上知名插画家的作品，不仅绘画精美，而且内涵丰富。绘本阅读使孩子的情感受到陶冶，艺术审美能力不断发展，而这种能力的提升是不能单凭文字阅读来获得的。

(三)绘本能激活孩子的想象，有利于孩子创造力的培养

绘本故事横跨国界，穿越各种文化背景，透过文字与画面，孩子得以进入不同的世界，使孩子对故事情节展开丰富的联想，让创造力和想象力无限扩大。例如下面这个绘本：

The Three Little Pigs

故事简介

三只小猪兄弟生活在大森林里，有一天大灰狼来到它们家门口想吃掉它们，小猪们

---

① 转引自：孙黎娟. 绘本开启阅读之门[J]. 中学生导报·教学研究，2013(23).

该怎么应对呢?

1. The three little pigs are brothers. They live in the forest. But a big bad wolf lives in the forest, too.

2. The wolf is hungry and he wants to eat the three pigs. He runs to the house of the pigs. He can't get in.

3. One of the little pigs gets an idea. "Let's make a fire," he says.

4. He goes to the door and he shouts: "The wolf isn't very clever. He can come down the chimney (烟囱) and eat us."

5. “That’s a good idea,” the wolf thinks. He goes down the chimney.

6. The three little pigs hear the wolf in the chimney. They wait. There is a big crash (哗啦一声)! The big bad wolf falls into the fire! The poor wolf!

(故事来源：http://wenku.baidu.com)

二、绘本教学实施与指导

第一步：读图

读图从封面开始：小朋友看到绘本封面第一眼的时候，一般都很想打开绘本，看看这究竟是什么样的故事，故事里面又发生了什么。如果从封面开始就能带领孩子一路探索，孩子从一开始就会被教师的引导牢牢吸引。

绘本到处都隐藏着秘密，因为无论是封面、扉页还是环衬，都是绘本的有机组成部分，在这些地方作者都为读者献上了很多精美的图画。只有指导孩子从头到尾阅读图画，才能发现很多常常被读者忽视的小细节。读懂了这些细节，才会对文本有进一步的理解。

第二步：根据图片的发散性提问

What can you see in the picture?

Can you read the title?

What's happened?

What's this?

尽管问题当中可能会有一些新单词、新句式，但是教师可以使用丰富的肢体语言，结合绘本上精美的图案，让孩子不会因为不同语言的障碍而停下思考。

第三步：通读全文

(1)学生默读，安静地阅览。看图看文都可以。

(2)简要的任务。

choice　order　read and find the words

第四步：根据绘本做拓展活动

(1)Act pictures 1 to 4

(2)Make a pocket book

(3)Write a passage about the story

三、绘本教学的误区

(一)将绘本教学等同于故事教学和看图讲述

教师边看图片边讲述图意，然后提问故事内容。其实，这不是幼儿在阅读，而是教师在讲故事。还有些教师要求幼儿观察图片后，用较为完整的语言进行讲述，将绘本教学变成了看图讲述活动。

(二)过多导读

导读，就是指通过教师有序的提问、讲读帮助幼儿理解图书内容和主题的方法。85%的教师都是以师生问答为主线的导读形式出现，教师努力让幼儿顺着自己设置好的线路往里钻，如：绘本阅读《想吃苹果的鼠小弟》，随着多媒体课件的逐张出示，教师就先后提出“谁来了？它是怎样摘苹果的？有没有帮助鼠小弟？鼠小弟是怎么想的？”等问题。课堂上教师以问代讲，一问到底，以自己的教学思路代替幼儿的阅读思路，简化了幼儿的探寻过程，阅读过程完全变成了幼儿被动接受的过程，违反幼儿阅读心理的早期阅读教学思路，直接影响了早期阅读的教学效果。

不同年龄的孩子思维发展能力不同，所以方法一定会有所区别。对于绘本，如果我们的视野高于语言这一层面，那么我们的收获将不仅仅是语言。

第四节　幼儿英语故事教学活动实训项目

一、实训项目一

编写故事“A Clever Panda”教学活动教案

故事简介

A Clever Panda

A little panda picks up a pumpkin and wants to take it home. But the pumpkin is too big. The panda can’t take it home.

Suddenly she sees a bear riding a bike toward her. She watches the bike. “I know! I have a good idea.” She jumps and shouts happily, “I can roll a pumpkin. It’s like a wheel.”

So she rolls the pumpkin to her home. When her mother sees the big pumpkin, she is surprised, “Oh, my God! How can you carry it home?” The little panda answers proudly, “I can’t lift it, but I can roll it.” Her mother smiled and says, “What a clever girl!”

实训目的：

了解故事教学的基本步骤，根据幼儿的特点，设计相应的教学活动。

实训要求：

1. 教学目标明确。
2. 教学重难点准确。
3. 教学过程完整。
4. 活动设计形式多样，符合教学目标。
5. 教案书写规范。

成绩评价表

指　　标		满分	得分
1	教学目标明确	20	
2	教学重难点准确	20	
3	教学过程完整	20	
4	活动设计形式多样，符合教学目标	20	
5	教案书写规范	20	
总分		100	

二、实训项目二

将下列故事编制成绘本故事

One story about Jack, an Irishman, who was not allowed into Heaven because he was stingy with his money.

So he was sent to Hell. But down there he played tricks on the Devil (Satan), so he was kicked out of Hell and made to walk the earth forever carrying a lantern.

Well, Irish children made Jack's lanterns on October 31st from a large potato or turnip, hollowed out with the sides having holes and lit by little candles inside.

And Irish children would carry them as they went from house to house begging for food for the village Halloween festival that honored the Druid god Muck Olla.

The Irish name for these lanterns was "Jack with the lantern" or "Jack of the lantern," abbreviated as "Jack-o'-lantern" and now spelled "Jack-o-lantern." The traditional Halloween you can read about in most books was just children's fun night.

Halloween celebrations would start in October in every elementary school.

实训目的：

掌握绘本故事教学的方法，能根据教学内容自创符合儿童特点的绘本。

实训要求：

1. 图文内容一致。
2. 图文中含有丰富的语言内涵。
3. 色彩协调，布局合理。
4. 图文生动、形象。
5. 整体设计富有独创性。

成绩评价表

指　　标		满分	得分
1	图文内容一致	20	
2	图文中含有丰富的语言内涵	20	
3	色彩协调，布局合理	20	
4	图文生动、形象	20	
5	整体设计富有独创性	20	
总分		100	

第九章　幼儿英语课堂活动设计

本章导读

幼儿英语课堂是幼儿英语教学的主要阵地，本章将着重介绍如何设定幼儿英语课堂活动目标及教学各环节设计的要求。

第一节　幼儿英语课堂活动目标设定

幼儿英语课堂活动是课堂教学的核心内容。教学目标是课堂活动的出发点和回归点。教学目标的设定是否准确清晰，不仅影响着教学过程的展开，很大程度上也牵制了最终的学习效果。

一、幼儿英语课堂活动目标设定的功能

幼儿英语课堂活动目标设定的功能如下：

(1) 导学功能：确定活动范围、活动内容、活动重点和难点，以及幼儿的原有学习基础等，引导幼儿自主、积极地参与到活动过程中来。

(2) 导教功能：确定教师将采取的教学步骤、教学环节以及每个步骤或环节将采取的教学活动，指导教师有条理地去完成教学计划或任务。

(3) 导测量功能：明确幼儿要达到的学习要求或水平，为教师本人及教育监督者提供检测的标准和依据。

二、幼儿英语课堂活动目标设计原则

(一) 发展性原则

依据幼儿原有基础和水平，在教材分析、教师备课、教学活动设计、教学评价中都

以幼儿获得英语运用能力为中心，促进幼儿身体、认知、情感、个性及社会性全面、整体的发展。

(二)主体性原则

教学目标设定应从幼儿出发，课堂教学过程以幼儿为中心。在教学中教师要创设情境，帮助幼儿理解学习，同时要观察幼儿的反应，调整活动的内容、方法和进程。处理好主导与主体的关系，适时发挥教师的主体(主导)性。教和学两个过程一致，才能取得最佳效果。

(三)渗透性原则

教师应将教学目标渗透于教学活动内容与活动形式中，不是为活动而活动、为内容而内容，所有的内容和活动都指向教学目标的达成。

三、如何设定幼儿英语活动目标

(一)教学内容分析

认真通读、研究一套幼儿英语教材，梳理清楚话题的设计、功能的运用、词汇的分布、语法的编排、技能的要求、策略与情感的渗透。在通读教材的基础上根据教学大纲的要求对教材进行深入的思考、仔细的推敲，把握本课的知识点，提炼出重难点，同时对要延伸的知识和拓展的内容应做到心中有数。

(二)学情分析

分析幼儿的英语学习情况，了解幼儿的认知结构、认知能力、学习态度、学习习惯等，根据幼儿已有的语言知识、话题背景知识，以及语言的技能水平，确定本课的教学目标。

(三)教学目标确定

在确定教学目标时，可以先确定主题单元目标，然后是各个教学活动的活动目标。目标在描述时要牢记 ABCD 四要素。即：

A. 对象(Audience)：行为主体必须是幼儿，而不是教师。

B. 行为(Behaviour)：幼儿能做什么，行为动词要多样化。

教学目标	常用的行为术语
认知目标	1. 知识(对信息的回忆)
	列举、说出……的名称、复述、排列、背诵、回忆、选择、描述、辨认、标明
	2. 领会(用自己的语言解释信息)
	分类、叙述、解释、选择、归纳、猜测、举例说明、区别
	3. 应用(将知识应用到新的情境)
	运用、计算、示范、说明、解释、解答、改变
	4. 分析(将知识分解，找出各部分之间的联系)
	图示、指出、创编、设计、提出、归纳、总结
	5. 评价(根据一定的标准进行判断)
	比较、评定、判断、证明、说出……的价值
技能目标	1. 知觉能力(根据环境刺激做出调节)
	旋转、接住、移动、踢、保持平衡
	2. 体能(基本素质的提高)
	有耐力、反应敏捷
	3. 技能动作(进行复杂的动作)
	演奏、使用、操作
	4. 有意的沟通(传递情感的动作)
	用动作表达感情、改变脸部表情、舞蹈
情感目标	1. 接受和注意(愿意注意某事件或活动)
	听讲、知道、注意、接受、赞同、选择
	2. 反应(乐意以某种方式加入，以示做出反应) 陈述、回答、列举、遵守、完成、听从、承认、参加、完成、解释
	3. 评价(对现象或行为作出价值判断，表示接受)
	区别、判别、支持、评价、判断、比较、下定义
	4. 组织(将不同的价值标准组成体系，并确定它们之间的相互关系)
	讨论、确定
	5. 价值或价值体系个别化(个别化的价值体系，以指导自己的行为)
	相信、拒绝、改变、判断、解决

C. 条件(Condition)：行为在什么条件下产生，条件描述应情境化。

D. 标准(Degree)：行为的标准和程度，行为标准表现程度应具体化。

例如，教学目标设定为：能在教师的引导下用英语说出熊猫、猴子、老虎、大象和熊的英语名称，尝试结合句型“It’s a...”进行表达。

行为：用英语说出动物的英语名称，尝试结合句型“It’s a...”进行表达。

条件：在教师的引导下。

标准：熊猫、猴子、老虎、大象和熊的英语名称，尝试结合句型“It’s a...”进行表达。

第二节　幼儿英语课堂活动步骤

幼儿英语教学流程一般采用4P模式，即准备阶段(Preparation)、呈现材料阶段(Presentation)、操练阶段(Practice)、创造巩固阶段(Production)。

一、准备阶段(Preparation)

(一)目的

创设英语学习气氛，激起幼儿学习英语的兴趣并迅速进入英语学习的良好状态，复习上一节课或与本课教学相关的旧的语言，为幼儿进行新内容的学习做好铺垫。

(二)具体要求

(1)活动趣味性强，能够调动学生进一步学习的积极性。

(2)活动简单、易操作，不要占太多时间。

(3)渗透后面学习中可能涉及的相关内容。

(三)常用的组织形式

幼儿英语教学常用的组织形式有师幼间的问候、日常生活对话、拍手对节奏、背爵士调、念英文儿歌、做游戏、唱英文歌曲、TPR活动等。

案例分析

热身环节设计（片段）：TPR活动

Language：Show me big. Show me small. Show me tall. Show me short. Show me one hand. Show me two hands. Put on a cap. Put on your pants. Put on your coat. Put on your shoes.

复习与衣服有关的形容词，为后面的语言交际活动做好铺垫。激活学生已有的服装类的单词，如“cap”“pants”“coat”“shoes”，为本课更多服装类的单词学习做好准备。“hand”和“hands”的呈现唤起学生对名词复数形式的记忆。

二、呈现材料阶段(Presentation)

(一)目的

将新的语言材料以各种直观、生动的形式整体呈现给幼儿，让幼儿在趣味性的新鲜的活动中自然地体验和感受新语言，为语言表达和输出打下基础。

(二)具体要求

(1)语言情境的创设符合幼儿年龄特点。
(2)整体感知语言内容。

(三)常用的组织形式

幼儿英语教学常用的组织形式可以是音乐歌舞、木偶表演、教具导入，也可以是活动、游戏等导入，这样才能使幼儿对新的学习内容有直观的感受和强烈的求知欲望。

案例分析

新知呈现设计(片段)

Look at the picture. This is the zoo. Listen to the magic pen carefully. Guess, who am I? Look at the cards. Read after me.

教师通过直观挂图，让幼儿观察图中动物，再用点读笔读单词和句子，动物都是孩子们所熟悉的，当读到英语时，孩子们非常感兴趣，初步感受到新教学的内容。接着教师依次模仿“panda”“monkey”“tiger”“elephant”“bear”等动物的动作，再出示大卡片，幼儿高兴地大声跟读。教师向幼儿演示新材料时，应注意培养幼儿认真倾听的习惯，同时让他们动用各种感官，感知新材料的语音、语义并进行练习。

三、操练阶段(Practice)

(一)目的

进一步帮助幼儿感知理解所学的语言内容，并鼓励幼儿对所学的语言内容尝试进行表达和输出。

(二)具体要求

(1)操练形式要兼顾集体、小组和个别活动，做到三种活动相结合。

(2)先易后难，由机械训练到半机械训练再到自由输出。

(3)英语的输入应先于输出，理解先行、表达在后，让幼儿在充分感受理解的基础上再进行英语的表达和输出。

(4)每个语言活动之间的层次递进。

(三)常用的组织形式

可以利用听力活动、歌曲、游戏活动、TPR 等进行操练。如：听音做动作，听音指物，听音贴图片，你说我做，等等。

案例分析

活动操练设计（片段）：Play a Game：Bomb Game

教师将单词卡片贴在黑板上，用硬纸制作两枚炸弹贴在任意两张单词卡片上。教师说运动名称，没有地雷的单词学生跟读，图片上有地雷的，学生不能出声并抱头掩护自己。教师可以在活动中调整地雷的位置并通过加快速度提高活动的难度。

该活动通过节奏的变化，使学生对所学知识进行反复操练，在趣味性的活动中重复跟读新的词汇，达到熟练的程度。

四、创造巩固阶段(Production)

(一)目的

鼓励幼儿在真实、拓展的生活情境中充分练习和运用英语。通过一系列的语言活动达到新的语言知识内化和逐步提升的目的，能将所学的内容新旧整合、融会贯通、学以致用。

(二)具体要求

(1)创设真实的情境，让学生操练巩固。

(2)提供丰富的材料，让学生运用英语。

(3)通过各种形式的活动帮助学生巩固新的语言学习内容。

(三)常用的组织形式

常用的组织形式有相互问答、角色扮演、游戏、仿编等。

案例分析

创造巩固活动设计(片段)

幼儿学习了“chant”:

Hands up, up, up;

Hands down, down, down.

Up to the sky.

Down to the ground.

教师出示秋千(“swing”)的图片，引导幼儿说出:

Swing, swing, up and down.

Up to the sky.

Down to the ground.

Swing, swing, up and down.

改编的“chant”，不仅巩固了所学的内容，同时还创造性地通过替换单词，真实地运用英语进行描述。

五、规范教案结构(Teaching Plan)

教案要反映出教学过程的细节，包括课堂教学各个环节中的步骤、练习形式、操练方式以及各环节和步骤之间、各项教学内容和幼儿活动之间的起承转合。

课时教案的一般结构如下:

(1)幼儿园、年级、班级。

(2)教材(即使用的教材的名称和卷册数)。

(3)时间(即上课时期)。

(4)教学目的和要求(即这堂课要解决什么问题，包括哪些小点等)。

(5)教具(如图片、录音机等)。

(6)教学内容。

(7)教学过程(包括从上课前的问好到下课的全过程)。

(8)课后评议(本堂课的心得体会)。

一般课后评议包括以下几个方面:

①教学目标是否正确和适切?幼儿是否能够达到预定的目标?

②教学内容是否围绕教学目标进行安排？是否突出重点和难点？

③教学过程是否连贯？新授课是否按照听、说、用的教学环节来进行？每个教学环节完成得怎么样？环节衔接是否自然？

④幼儿是否主动、积极地参与教学活动？

⑤教学手段使用得是否恰当？目的是否明确？是否达到效果？

教案模板举例：

<table>
<tr><td colspan="5">Lesson Plan</td></tr>
<tr><td>Teacher</td><td>Class</td><td>Book</td><td>Unit</td><td>Date</td></tr>
<tr><td></td><td></td><td></td><td></td><td></td></tr>
<tr><td>Proportion</td><td>Warm-up</td><td colspan="2">Presentation</td><td>Wrap-up</td></tr>
<tr><td rowspan="3">Teaching Objectives</td><td colspan="4"></td></tr>
<tr><td colspan="4"></td></tr>
<tr><td colspan="4"></td></tr>
<tr><td></td><td colspan="4"></td></tr>
<tr><td>Teaching Aids</td><td colspan="4"></td></tr>
<tr><td>Teaching Content</td><td colspan="4"></td></tr>
<tr><td>Steps</td><td colspan="4">Process</td></tr>
<tr><td>Preparation/Warm-up</td><td colspan="4"></td></tr>
<tr><td>Presentation</td><td colspan="4"></td></tr>
<tr><td>Practice</td><td colspan="4"></td></tr>
<tr><td>Production</td><td colspan="4"></td></tr>
<tr><td>Homework</td><td colspan="4"></td></tr>
</table>

第三节　幼儿英语课堂活动设计实训项目

一、实训项目一

教案分析

实训目的：

通过分析教学案例，掌握英语教学活动(4P)过程，了解教案的规范书写，体会设计者的设计意图，为自己独立设计教学活动打下基础。

实训要求：

1. 仔细阅读教学案例，理解授课教师的设计意图。
2. 注意教案是否完整、规范。
3. 小组讨论，提出修改意见。

活动名称：美丽的颜色(小班)

活动目标：

1. 听懂问句 What color is it? 学习用句型 It's... 回答。
2. 感受生活中美丽的颜色，愿意与他人进行英语交流。

活动内容：

—What color is it?

—It's orange/purple.

活动准备：

1. 幼儿会说英语单词“red”“yellow”“blue”。
2. 广告色若干，水瓶，音乐，颜色骰子，桌子，魔法筒。

活动过程：

1. 身体来跳舞

(1)教师与幼儿打招呼，相互问好。

教师用语：Nice to meet/see you! Good morning!

(2)复习指令用语。

教师用语：Show me your hands. Show me your fingers. Let's count numbers. Give me one, one, one.

2. 美丽的颜色

(1)复习已学的颜色单词。

教师用语：Let's play a game，OK? A dice game.（介绍骰子颜色）I throw it out；you can tell me the color. Ready? Go! What color is it?（引导幼儿用 It's red/yellow/blue. 回答）

(2)学说 It is... 句型。

教师用语：Look here! Have a guess! What's in it? Water. A bottle of water. Now，look carefully. What will happen next?（放音乐，摇颜色）Oh，it's orange. Follow me，orange，orange，it's orange.

(3)运用完整句型。

教师用语：Look，there is another bottle，who wants to try this one? Guess，what color is in it?（请小朋友来摇出颜色）It is purple. Repeat，purple，purple，it is purple.

3. 颜色摇摇乐

(1)自由选择魔法瓶变出不同颜色。

教师用语：Do you want to play? Look here! I have some bottles. You can choose one. Babies come here! Let's shake it. Music，please!

(2)相互用"It is..."句型说一说自己变出的颜色。

教师用语：Please tell me/your friends，what's your color?

4. 结束活动

教师用语：Orange，orange comes here. Purple，purple comes here. Let's go and find colors.

（本教案由华中科技大学附属幼儿园付洁老师提供）

成绩评价表

指　　标		满分	得分
1	能说出幼儿英语课堂活动的步骤	20	
2	能分析本节课每个活动的目的	20	
3	能指出教案的不足	20	
4	小组讨论中能发表自己的观点	20	
5	根据讨论结果，能提出修改意见	20	
总分		100	

二、实训项目二

英语课堂教学活动设计

实训目的：

通过本章学习，能根据教学内容独立完成教学活动设计。

实训要求：

1. 教案完整、规范。
2. 教学目标明确。
3. 围绕教学目标，组织多种形式活动。

成绩评价表

指　　标		满分	得分
1	独立设计教学活动	20	
2	教学目标明确	20	
3	教案内容完整	20	
4	教案书写规范	20	
5	活动围绕教学目标开展	20	
总分		100	

第十章　幼儿英语语言知识教学活动设计

本章导读

本章主要介绍了幼儿英语语音教学、词汇教学、语法教学活动中的一些具体方法，为幼儿英语教学提供了具体的操作参考。

第一节　幼儿英语语音教学活动设计

语音是组成语言最基本的要素之一，也是学好一门语言的关键，对于幼儿英语学习而言，语音则是培养幼儿听、说、读、写能力的基础。

一、幼儿英语语音教学的意义

(一)使幼儿掌握准确、流利的语音语调

幼儿时期，语音学习的主要手段是模仿，这种模仿是从听觉定向活动开始的，经过大脑分析器的作用，然后由心理运动器官的操练而完成。幼儿有着天生的模仿力，他们的发音器官非常有弹性，可模仿各种声音，较成年人更容易获得纯正、地道的语言发音。

(二)提高幼儿阅读能力

保证幼儿正确理解所听到的英语语音信息，具有把单词、句子的读音和意义直接建立起联系的能力。幼儿语音教学常采用 Phonics(自然拼读法)，通过自然拼音教学，孩子们能有效地掌握英语发音规则，学习最正确的发音方式。利用“形-音的对应关系”，可以将单词拼读出来。利用“音-形的对应关系”，可以迅速记住单词，提高幼儿的阅读能力。

（三）促进幼儿与他人的沟通能力

发准了音，才能保证幼儿正确地通过说来表情达意，使幼儿能够流利地复述儿歌、故事等，体验语言交流的乐趣。

二、幼儿英语语音教学的实施与指导

（一）听音和模仿相结合

幼儿学习语音主要通过模仿，幼儿对语音敏感，模仿又是他们的优势，教师可以通过听音活动，使幼儿掌握听的技能，如辨听式听能，要听辨清楚；分析式听能，要听准确；理解式听能，要听懂；毅力式听能，要听够。再将听清楚、听准确、听懂、听够的东西模仿出来，将会提高语音教学的效果。

（二）语流中练习巩固

语流是由音（Sound）、律（Rhythm）、调（Intonation）结合而成。音是指音素、单词和句子的发音，律是指节奏，即发音的轻重、长短、快慢等现象；调是指语句的升降调和平调。为了适应真实的交际需要，英语语音的元音、辅音、单词的重音、句子的重音、节奏、连读、语调等必须通过语流进行教学才能达到准确、自然。

（三）用韵律诗进行语音教学

[ei] ↗, [ei]↘, baker↗, baker↗, baker↘
I'm a baker↗, baker↗, baker ↘
Baking cakes↗, cakes↗, cakes↘
By the lake↗, lake↗, lake.

Chant: Left, right
Left foot, right foot. Left foot. Right.
Marching all day and marching all night.
Go straight on and now turn right.
Left foot, right foot. Left foot. Right.
Come on, kids. You are doing right.

（四）用歌曲进行语音教学

在辨别区分比较难的语音时有选择地使用歌曲，旋律比较复杂的歌曲则可能不宜用于语音辨别区分的教学。歌曲教学通常使用传统幼儿歌曲的曲谱。如：

Shake your shoulders

Shake, shake, shake your shoulders

Shake them up and down

Shake, shake, shake your shoe

And stamp it on the ground.

(五)用故事进行语音教学

案例分析

That's Stan! He is a bad man. I had a bat(替换 mat/apple/ant/cat/hat/pan), but Stan ran with my bat and I am sad. Look! My dad got Stan the bad man. He grabbed his hand and put him in the can. And I am happy.

What could it be? What is in your bed? A box is on my bed. What is in the box? A boat is in the box. What is in the boat? A bus is in the boat. What is in the bus? A bike is in the bus. What is on the bike? A basket is on the bike. What is in the basket?...

Ted loved red best. Ted painted the town's bell(替换 well/pens/jet/elephant/net/eggs)red. "Ted doesn't paint the bell red." "I am sorry. I will not paint the town red. I will paint the town green." "Oh, no!"

(六)用绕口令进行语音教学

Kate bakes a cake at the gate.

The boy plays with a toy.

She sells seashell on the seashore.

使用绕口令教学的注意事项:

(1)根据幼儿感到困难的音选用有针对性的绕口令,由易到难,由短到长。

(2)教师要先带领幼儿练习困难音素的发音。

(3)不要求幼儿记忆单词和绕口令的意思,只让幼儿对绕口令本身这种语言形式感兴趣。

(4)幼儿练习的速度由慢到快逐渐加速,直至熟练朗诵为止。

(5)如果发现幼儿发音不准,要及时纠正并放慢速度,以免使发音错误巩固。

(6)绕口令宜用于幼儿在基本掌握单词的准确读音之后进行近似、相似音的辨别区分之时,而不宜用于一开始的语音教学中。

三、幼儿英语语音教学的注意事项

幼儿英语语音教学要注意如下事项：

(1)幼儿英语语音教学前期应以听为主。

(2)语音学习切忌过多地解释、说明和分析，应该以模仿为主，重视培养幼儿自己识别和发音的能力。

(3)语音的学习要与词汇、句型的学习相结合，避免过多的单音练习。

(4)重音、语调与语音在英语中同样重要，要进行重音和语调的训练。

(5)尽量减少汉语和方言的负迁移作用。

(6)鼓励和表扬为主，讲究纠正语音错误的方法。

对幼儿的错误发音不要重复，不要强化，以免引起错误模仿，当幼儿发音错误时，教师要用带着兴趣与支持的语调说出正确的词或句子，而不肯定“正确”或“错误”，幼儿在这种信息性的气氛中来获得他们所要知道的东西。

第二节　幼儿英语词汇教学活动设计

词汇是构成语言的三大要素之一，是语言的基础材料。学习语言以掌握词汇为基础。学习词汇的过程就是学习文化、学会交际、锻炼思维的过程。离开了词汇，听和说的交际活动就无法进行，也就失去了幼儿英语语言教学的意义。

一、幼儿英语词汇教学的意义

(一)有助于语音的掌握

幼儿英语词汇着重掌握词的发音和词义，有助于幼儿了解读音规则。

(二)有利于交际能力的提高

词汇越丰富的人语言表达能力越强，词汇是音义结合的产物，是表达思想的基本单位，幼儿的英语词汇量越大，可表达的事物越多，范围越广泛，因此交际能力会大大提高。

(三)有助于文化意识培养

英语的词汇具有自己的文化内涵，如星期单词都来自于神话中的诸神，星期一(Monday)，即 Moon’s day，星期二(Tuesday)来源于北欧神话中的战神 Tyr 等，在学习英语词汇时，能感受到语言所反映出的文化差异，有助于幼儿文化意识的培养。

二、幼儿英语词汇教学的实施与指导

(一)用直观法进行词汇教学

幼儿的思维特点是以直观形象思维为主，所以在平时教学中最常用的就是直观呈现法。直观呈现法就是利用实物、卡片、简笔画、教学挂图、多媒体课件及手势、动作、表情等将英语单词与具体的实物直接进行联系，如表示具体事物的名词(动物、水果、食品、玩具等)、表示具体动作的动词(run, jump, walk...)、表示情感的动词(happy, sad, cry...)及形容词(big, small, long, short...)一般均可采用直观呈现法，手势、动作、表情等体态语也属直观呈现法，如讲鸡、鸭、猴等动物时，教师通过模仿这些动物的声音、形态，既激发了幼儿的兴趣，又便于他们理解词义，把知识变得简单、易懂，避免了教师用中文解释，给幼儿留下深刻的印象，也培养了幼儿用英语思维的能力。

(二)用谜语进行词汇教学

谜语因其具有挑战性，内容丰富、通俗易懂，深受孩子们喜爱。因此，利用谜语来呈现单词，能给幼儿一个很深刻的印象，容易记忆，同时也能培养幼儿的想象力，开发智力，寓教于乐。

单词谜语举例：

(1) What room has no walls, no doors, no windows and no floors? (A mushroom)

(2) What has teeth but cannot eat? (Comb)

(3) What has a soft bed but never sleeps, a big mouth but never speak? (River)

(4) What kind of dog never bite? (Hot dog)

(5) I am big and heavy. I have a long nose and big ears. What am I? (Elephant)

(三)用游戏进行词汇教学

游戏是呈现、操练、巩固词汇的有效方法，游戏能唤起幼儿思维的积极活动，引发幼儿的无意注意，如变枯燥的教学内容为丰富多彩的游戏活动，将语言知识融于游戏中，让幼儿在玩中学，定能收到事半功倍的效果。(第六章已做过介绍)

这里再介绍一些常用的词汇教学游戏：

1. 抢读单词

训练认读单词，分成若干小组，逐个出示单词卡片或图片，学生抢答，让学生读出该单词并说出意思，或将图片上的单词读出来拼出来，读对说对拼对的组记分，得分最多的组为优胜。这是训练学生的反应力和熟练度的游戏。

2. What's Missing

教师出示一些实物或图片放在讲台上，请学生先读一遍，或看一会儿，然后取走其中一样问"What's missing?"，这是训练学生记忆力的游戏。

3. Bingo

每个学生准备一张纸，并在上面画一个"井"字，将纸分成九格，然后教师随便念九个学过的单词，学生边听边将单词写在格子中，随便填在哪格里都好。学生填好后，教师再打乱次序逐个念这九个单词，学生边听边在听到的单词上画圈，当画的圈在横行、竖行或对角线上成为一条直线时，学生就可边喊"Bingo"，最先喊"Bingo"的获胜。这是复习单词、听辨练习游戏。

4. Magic Bag

教师在书包中放入若干实物，请学生将手伸进去触摸，教师可以问："Is it a banana (an apple, an orange)?"，猜对了给予奖励。

该游戏也可以变化为教师先准备一些单词卡片(有的写中文，有的写英文单词)和图画。将卡片和图画放入一只不透明的袋子里，让学生们上来轮流摸，如果摸到的是写有英文的卡片，则要英译汉；如果是中文，则要汉译英并拼读出来；如果是图片，则要看图说英语。这是训练学生的感觉能力、逻辑能力的游戏。

5. 看图猜词大家答

教师先出示一些单词的图片，然后收起来，请一名学生到前面猜，猜的学生面对全班，再请另一名学生上前站在他身后，抽出一张图片高举在手中。猜的学生可以问全班："Is it red (blue, green)?"等，全班学生答："Yes."或"No."猜对后可以换另一位学生继续猜。这是训练学生记忆能力、综合运用语言能力的游戏。

三、幼儿英语词汇教学的注意事项

幼儿英语词汇教学要注意如下事项：

(一)只教高频率词

英语词汇学习应有侧重点，那就是关注高频率词，幼儿英语应该以贴近幼儿生活的话题为主，并关注围绕这些话题出现的常用词语。

(二)归类教学

归类教学是指把具有同一特点或具有某种联系的词放在一起来教学，如表达水果的词汇、表达身体部位的词汇等。

(三)及时复习

艾宾浩斯曲线表明人的遗忘是有规律的，教师要遵循遗忘的规律，及时对所教的词汇进行复习，且复习的方式要多样化。

（四）调动各种感官

教单词时，要调动幼儿的听觉、视觉、触觉、运动觉等，以沟通大脑皮层各感官区之间的联系，从而加深记忆痕迹。

（五）教学方式力求简单准确

对幼儿揭示词义，可根据词的特点采用很多方式，如直观法、游戏法等，对于一些抽象的词，甚至可以进行翻译。但是在使用的过程中要注意方式方法的合适性，力求简单准确，不要避简就繁。

第三节　幼儿英语语法教学

语法是组词造句的规则，其精髓在于掌握语言的使用。语法存在于词汇、句子和语篇三个层次，汉语俗称词法、句法、章法。①幼儿以形象思维为主，英语教学不直接讲解语法规则，而是采用“隐性语法教学”，培养幼儿的语法意识，通过语言的交际运用，体验归纳语法规则。

一、幼儿英语语法教学的意义

（一）感悟语言规律

语法教学活动贯穿渗透于整个英语教学活动中，语法教学活动可以帮助幼儿感悟英语语言规律，使正确的语法规则（包括语法知识及语言含义和功能）固化在儿童的大脑中，形成正确的、有效的语言表达。

（二）得体运用语言

幼儿英语教学中，我们不提倡直接讲语法规则，而是通过情境让幼儿体验语言。英语语法教学把语言规则和语言实践结合起来，从而使幼儿获得正确、得体运用语言规则的能力，教师在听说活动中，让幼儿理解、习得英语表达，听得懂，说得出，最终能够流利、得体地使用语言进行交际。

---

① 王笃勤. 小学英语教学策略[M]. 北京：北京师范大学出版社，2012.

二、幼儿英语语法教学的实施与指导

(一)幼儿英语语法教学涉及内容

语法项目	语 法 内 容
名词	可数名词和部分不可数名词
动词	动词原形
形容词	形容词比较级的构成及用法
数词	基数词和序数词
代词	人称代词：主格、宾格 形容词性物主代词 指示代词：this，that，these，those 不定代词：some，many，any 疑问代词：what，who，whose
介词	方位介词：in，on，at，behind，of，off，by
冠词	不定冠词和定冠词
连词	并列连词、转折连词
句子种类	陈述句：肯定句、否定句 疑问句：一般疑问句、少数选择疑问句、特殊疑问句 祈使句：肯定句、否定句 感叹句：以 What 引导的感叹句和以 How 引导的感叹句
时态	一般现在时、少数一般将来时

(二)常用方法介绍

1. 用游戏进行语法教学

游戏是幼儿的基本活动，游戏的作用体现在各个方面，语法教学也不例外。如游戏“London Bridge”，幼儿在游戏的过程中达到“What's...”句型的熟练运用。

2. 用情景进行语法教学

传统的语法教学多以教师的讲解伴以学生的操练来进行，通过反复练习达到语言的熟练运用，但这种方法形式太呆板、枯燥，难以引起学生的兴趣和积极性。这种讲解的方式对幼儿来讲就更不适合，幼儿抽象思维不发达，情景对他们往往有着极强的吸引力，因此要使语法教学情景化、交际化，使语法实践练习结合具体的语言活动来进行。

3. 用句型进行语法教学

句型是从大量句子中抽出来的典型句式，是语言结构的模式。句型练习是以行为主义心理学为理论基础的听说法的主要教学形式，句型练习是为了认知和掌握句子结构规律，幼儿一旦熟练掌握了常用句型，就基本上掌握了时态变化和句子结构、词的搭配、词义和用法。学习句型，等于为语法教学提供了感性材料，同时可起到增强直接理解和表达能力的作用。

4. 用歌曲进行语法教学

如歌曲 *Where Is Thumb Kin*？可以让幼儿在学唱的过程中，学会"Where's…？"的表达方式。

5. 用简笔画进行语法教学

简笔画形象直观，能让幼儿很容易地掌握教学内容，经常可以取得比较好的教学效果。(见第七章)

三、幼儿英语语法教学的注意事项

(一) 不讲多练习，通过练习达到语法规则的内化

幼儿在学习语言时，会把注意力首先放在语言的意义上，他们很少注意到语言形式或语言规则。英语语法的教授上，要设置一定的情景，提供足够的机会让孩子在较真实的语境中进行交际性活动，运用所学的语法项目，直至内化。

(二) 让幼儿无意识地习得规则

幼儿学习语言通常从无意义注意开始，通过新奇的、富有变化的教学形式开展语法教学，使幼儿无意识地习得规则，并在熟练运用语法规则的基础上提高语言交际能力。

第四节 幼儿英语语言知识教学活动实训项目

一、实训项目一

学唱英语字母操

实训目的：

通过英语字母操的学习，了解自然拼读法中的字母音，为语音教学打好基础。

实训要求：

1. 能模仿图片，通过肢体语言表现英语 26 个字母。

2. 能表演唱出字母操。

英语字母操：

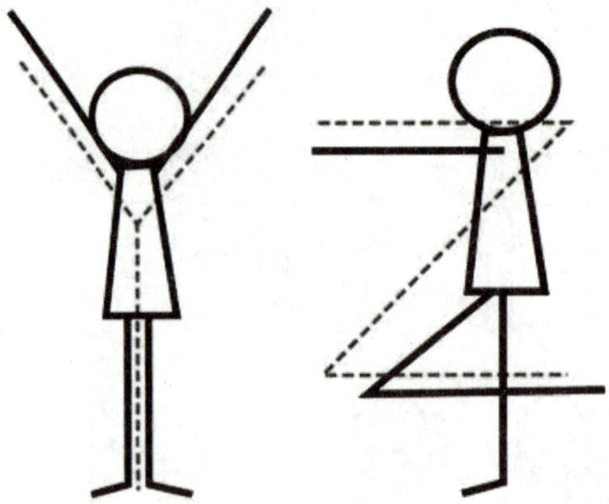

（图片来源：http://wenku.baidu.com）

成绩评价表

指　　标		满分	得分
1	能准确做出 26 个字母造型	20	
2	能准确读出 26 个字母音	20	
3	能用字母歌的旋律演唱	20	
4	动作协调、优美	20	
5	能有自己的创编	20	
总分		100	

二、实训项目二

“现在进行时”语法教学

实训目的：

通过“Who Is Wearing Yellow Today?”的教学，体会幼儿语法教学的特点。

实训要求：

1. 教学方法多样、得当。
2. 情境设置合理、真实。

成绩评价表

指　　标		满分	得分
1	明确语法教学的目的	20	
2	教学过程清晰	20	
3	教学方法得当	20	
4	讲练结合	20	
5	善于创设情境	20	
总分		100	

第十一章　幼儿园英语教育环境创设

本章导读

《幼儿园教育指导纲要》指出：“环境是重要的教育资源，应通过环境的创设和利用，有效地促进幼儿的发展。”幼儿园英语环境的创设包括物质环境创设、语言环境创设和心理环境创设三个方面，旨在为幼儿创设一个用第二语言交流与学习的环境。

第一节　幼儿园英语环境创设的原则

一、环境创设与教育目标一致的原则

环境创设是指为幼儿园的公共活动区域，包括户外活动场地、园内的走廊、图书馆、阅览室、种植园地等公共区域创设一个可视、可感、有形的双语学习环境，营造良好的双语学习氛围，把幼儿的英语学习内容渗透在有准备的环境中，使幼儿在潜移默化中感受着第二语言的存在。在创设幼儿园英语环境时要考虑它的教育性，应使环境创设的目标与幼儿园英语教育目标一致。

二、适宜性原则

幼儿正处在身体、智力迅速发展以及个性形成的重要时期，有多方面的发展需要。身心发展的特点和需要表现出不同的年龄特征，即使同一年龄阶段的幼儿，在兴趣、能力、学习方式方面都存在很大差异，幼儿的身心发展特点和需要还会随着其年龄增长而发展变化，因此英语环境创设应适应幼儿的这种差异，环境创设不是一次就可以完成的，它是一个设计—实施—修正—再实施—再修正的螺旋式发展过程。

三、幼儿参与原则

环境创设的过程是幼儿与教师共同参与合作的过程。教师让幼儿参与环境创设，使幼儿由单纯的欣赏者变成了计划者、参与者，幼儿才能充分认识到自己的能力，意识到自己是环境的主人。当幼儿有了这种意识，才能真正融入进去，真正展示自己。

四、经济性原则

教师创设环境过程中，可以请幼儿一起收集废旧物品，并引导幼儿参与制作过程，为幼儿提供更多动手操作的时间和空间，既满足了幼儿的活动需要，又培养了幼儿的创造性、主动性、积极性。

第二节　幼儿园物质环境创设

（图片来源：中国幼儿教师网）

一、墙饰环境的创设

墙面布置是幼儿园环境中面积最大、最为醒目的地方。它如同一幅幅大的广告，浓缩着教育内容和目的，给幼儿以直接的刺激和潜移默化的影响。幼儿园常在门口、走廊、柱子、楼道、盥洗室、教室内等地，根据不同的场所设置不同的画面，写上相对应的英语，例如：在园门口布置“欢迎您 Welcome”环境；在各个楼面分别设计“speak，listen，look，play，说、听、看、玩”的语言环境；在楼道内贴一些小脚印，写上“Don't run（不要跑）”“Go for a walk in a line（走成一条线）”；在图书角画上一张嘴巴，上面竖着一根食指，下面写有“Please be quiet（请安静）”；在洗手池上面画有小朋友洗手和小水滴，水滴上写有“Please wash your hands（请洗手）”等。这些有趣的布置，使幼儿在听听、看看、玩玩、讲讲中自然习得了英语。

班级墙面创设是班级环境中最主要的，也是面积最大的一块内容，我们每个班级的教师要让走进班级的人，从班级的墙面创设一眼就能看出班级正在开展的主题活动，看出教师的教学积累的能力等。班级墙面创设是体现班级特色和教师特长的重要窗口。

墙饰创设注意事项如下：

1. 创设适合幼儿年龄特点的环境

在色彩上应以色彩鲜艳的纯色为主，单纯的色泽容易使幼儿产生共鸣，易于幼儿欣赏、借鉴、理解和表现，同时要考虑画面的整体美，采用较大浅色块支撑，可使画面既有局部美的变化又有整体协调感，使环境更艺术化。

在造型上，应以简洁为主要表现手法。

在内容上，要为幼儿创设熟悉的、符合心理要求的环境。

墙面环境创设要注重年龄差异，以满足不同年龄幼儿的不同需要。

2. 墙饰在装饰美化的同时要成为幼儿展示自我的窗口

教师把幼儿的作品巧妙地结合、利用，再用鲜艳的底色进行衬托，使整个墙面显得活泼而和谐。这样的墙面不仅具有装饰、美化环境的作用，而且成为幼儿用自己的方式表达自己的想法、自我展示的窗口。

一切与幼儿的成果、和幼儿有关的东西最受家长的关注，当你看到家长们饶有兴趣地看你布置的墙饰，你一定能从家长的关注中体验成功的喜悦。

3. 墙面环境创设的动态化

动态化体现为墙面的创设不是一成不变的，我们应该根据幼儿兴趣需要布置墙饰，同时应随着季节的变化或是主题的开展不断变化，还可以与季节变化、节日活动等幼儿身边熟悉的事物、事件相结合，可以随时变化、增减，可以是重新布置，也可以是逐步地深入与丰富。

4. 环境与课程、教学、幼儿、家长之间多元互动，实现环境与幼儿教师近距离的对话。

我们将幼儿的作品和活动照片等展示在班级墙面，一定要注意布局的合理，进行美观的张贴，如幼儿绘画的苹果，我们可以剪下来都贴在一个苹果背景上再进行装饰，幼儿的手工“爱心”我们可以张贴成一颗爱心的形状进行展示，这样既有整体感又更加能吸引人的眼球。还有墙面上张贴的照片一定要记得附上简短的照片说明，这样照片才更加生动。

二、活动区环境的创设

区域活动就是“区角活动”，作为一种教育游戏，它重在创设一种宽松、和谐的环境，受到了幼儿的普遍欢迎。

在区角活动中，教师是一个观察者、引导者、支持者，提供多层次、多递进的操作的材料，以及选择广泛的内容，让幼儿在这些材料中获取各种经验，满足不同幼儿发展的需要。

空间利用

区角数量的适宜性

教师应按照幼儿年龄特点及发展水平，确定学习与游戏融合的区角活动，具体包括生活区、语言区、美工区、音乐表现区、科学区、建构区6个类别，具体数量从小班到大班逐级递增：

小班幼儿感知事物的经验少，动手能力较弱，多数幼儿不能单独活动。因此，区角数量不宜设置太多，也不宜太复杂，应以幼儿喜闻乐见的形式为主，如“娃娃家”“故事角”“饲养角”等。

中班幼儿已有了感知事物的初步经验，基本能够独立进行区角活动，区角数量要适当增加，以充分满足幼儿的好奇心和认知兴趣，可增设表演、美工、科学等内容的区角，如“音乐厅”“手工角”和“科学角”等。

大班幼儿的语言表达、动手操作和逻辑思维等能力有了较大提高，这时，既要大量增设活动区角，又要适当增加难度，如：在科学区中增设“海底世界”“宇宙探索”“机械操作”等活动角，在棋类区中增设军棋、象棋、五子棋等。

第三节　幼儿园英语语言环境创设

蒙台梭利博士提道：“人类并不是与生俱来就有一套已建立好的语言(事实上语言是必须自己创造的)，在幼儿能与人说话之前，当然必须先听到这些人如何使用这些声音。因此，说话的动作必定是根据记录在心中的声音；幼儿的动作有赖于他所听过的声音，以及他心中所保存的声音。”这种环境既包括教师在集中活动时有目的地运用英语组织，也包括在日常生活中有意识地用英语对儿童进行启发和用英语与他们交流，还包括多种活动(如音乐、游戏、表演等)中的英语渗透，等等。

一、将英语教育贯穿在一日生活中

教师用英语组织日常生活活动(如入园问候、吃点心、进餐、睡眠、盥洗、散步、游戏活动等)，将英语教育活动渗透在幼儿一日生活的各个环节，对幼儿学英语来说是自然的、无意识的潜移默化的习得过程，让幼儿时刻感受到英语环境就在身边，营造一种幼儿想说、敢说、愿意说的氛围。教师在一日活动中随机地为幼儿提供学习和练习的机会，让幼儿在活动中无意识地模仿、操练，使幼儿时时感受到英语就在他们身边。

利用电化教育手段，为幼儿提供更多的语言刺激。电教手段的优势在于有影可看、有声可听，悦耳的音乐、生动的画面具有强烈的感染力，符合幼儿的认知规律和思维水平。在早晨幼儿入园时或户外体育活动、室内自由活动时都可以播放一些欢快简单的儿童英文歌曲、对话，让幼儿边听边玩，不占用幼儿任何活动时间，幼儿在反复听的过程中，习得了语音语调，建立了语感。

二、课堂教学用语的全英语化

在专门的英语教育活动中，教师主要用英语与幼儿进行交流、组织活动，虽然幼儿暂时听不懂，但我们知道语言学习是有个过程的，先让幼儿接收一些听的信息，然后让幼儿借助教师的动作和表情以及当时的情境来理解教师说的英语，允许幼儿使用汉语表达。语言本身并无什么生动可言，甚至还会有些枯燥呆板，因此趁幼儿刚开始接触英语，好奇心还很强，热情还很高时，教师应不断增加语言的新鲜感、趣味性，播放一些好听的歌曲、童谣等。尤其是英语环境创设更是如此。教师应时刻让幼儿感受到英语的美，从而更愿意习得英语。

在英语教育活动中，教师要尽量说英语，想方设法创设一些情景，引导幼儿积极动脑动口。幼儿所学的英语句型一般比较简单，教师可以把学习内容放在各种能听、能看、能触摸的情景中去。如：当幼儿学了一些生活用品的单词后，教师就可以和孩子一起开设一个“商店”，将所学的生活用品投放进去，然后教师引导幼儿将学过的句型、对话在模拟的纯英语环境中再现出来，让幼儿所学的单词、句子活起来。

再次，通过歌曲、歌谣、诗歌、绘画、游戏等多种形式习得英语。唱歌为大多数幼儿所喜欢，且学得快。在歌声中，幼儿不知不觉地学习了英语。儿歌朗朗上口、节奏明快，幼儿学习起来比较轻松。教师根据一个主题的内容，选择一些有关的歌谣、诗歌，让幼儿朗读，这样既巩固了所学的词汇，又可以学到新句子，还可以发挥幼儿的想象力，编出不同的句子。如歌谣 *I like Coffee*：I like coffee. I like tea. I like the boys and the boys like me. Yes. No. May be so. 幼儿还可以根据自己喜欢什么，编出和别人不一样的儿歌。又如：在开展“职业”这一主题后，可以选一首诗歌 *What Are You Going to Be*《你打算干什么?》，其中有一句：I shall be a solider.（我打算当兵。）接着让幼儿根据自己想做的事情，把它编进去，幼儿会展开想象的翅膀，表述自己美好的愿望，这样既学了英语，又使幼儿感到无限的乐趣。画画、讲讲学语言也很有意思，例如，教师问：“What are you doing?”幼儿答：“I'm drawing.”教师说：“Draw a pear.”幼儿则画一个梨。教师说：“It's a yellow pear.”幼儿则把梨涂成黄色。这样幼儿既动手又动脑，从而使自己的潜能得到发挥。总之，在专门的英语教育活动中，应通过英语环境的创设，达到幼儿学习英语的最佳效果。

第四节　幼儿园英语心理环境的创设

幼儿园英语教育活动除了需要创设物质环境、语言环境以外，还要创设适宜幼儿英语教学的心理环境。幼儿园英语教育活动的心理环境是由教师、幼儿和家长三方面相互作用共同创设的。

一、为幼儿创造良好的学习气氛，调动幼儿的学习兴趣

美国心理学家布鲁纳认为“最好的学习动机是学生对所学材料有内在兴趣”①。

二、通过游戏活动建立师幼间亲密和谐的人际关系

教师、幼儿共同参与游戏活动，亲密和谐的师幼关系可以帮助幼儿产生积极心理状态，有利于幼儿个性的社会化发展，为孩子健全人格的形成与综合素质的提高打下良好基础。

三、创设积极英语学习环境和幼儿的情感因素

具体方法如下：

(1)根据幼儿的兴趣爱好选择语言信息。好的语言信息通过环境创设可以给幼儿视觉冲击，从而激发幼儿交谈、交往的积极性，使孩子乐说、敢说、有话可说，在真实的生活情境中渗透幼儿教育。

(2)要用生动活泼的形式向幼儿输入语言。游戏、唱歌、跳舞、律动、绘画、听念儿歌、听讲故事、肢体语言等都是幼儿非常喜欢的活动，应广泛加以应用。

(3)采用丰富多样的鼓励手段。

(4)要用宽容的态度接纳幼儿的语言错误。

四、创设良好的家庭环境

一方面教师应和家长沟通，另一方面应鼓励幼儿大胆地与父母进行交流，把学过的英语词语讲给家长听，和家长一起做英语游戏，有条件的家庭可以慢慢把英语作为一种语言交流的工具进行大胆的使用。

---

① 布鲁纳. 教育过程[M]. 北京：文化教育出版社，1982.

第五节　幼儿园英语教育环境创设活动实训项目

一、实训项目一

“幼儿英语常用口语”的语言环境创设

实训目的：

了解幼儿英语常用口语的规范表达，能将日常英语与环境创设有效结合，发挥环境创设的隐形教学作用。

实训要求：

1. 选择“幼儿英语常用口语”若干条。
2. 以标语的形式展现出来。
3. 张贴到恰当的位置。

成绩评价表

指　　标		满分	得分
1	常用口语内容正确	20	
2	分类准确	20	
3	设计新颖、生动	20	
4	图意表达一致	20	
5	布局合理	20	
总分		100	

二、实训项目二

以“好习惯”为主题设计一个英语主题墙面

实训目的：

了解主题墙面创设的基本原则，利用主题墙面的创设，促进幼儿良好习惯的培养。

实训要求：

1. 目标明确，主题突出。
2. 呈现形式生动有趣。

3. 图文配置合理，整体感强。
4. 图意表达准确。
5. 整体设计具有独创性。

（图片来源：百度图片）

成绩评价表

指　　标		满分	得分
1	目标明确，主题突出	20	
2	呈现形式生动有趣	20	
3	图文配置合理，整体感强	20	
4	图意表达准确	20	
5	整体设计具有独创性	20	
总分		100	

第十二章　幼儿英语教师听课评课活动

本章导读

听课、评课是幼儿教师研究课堂教学，提高教学质量的有效途径。借助听课、评课活动，教师们互相探讨教学方法、展示教学成果、交流教学经验，以此促进教师专业成长，促进学生全面发展。

第一节　幼儿英语教师听课评课活动概述

听课是一种对课堂进行仔细观察的活动。评课是对课堂教学效果的评价，以及对构成课堂教学过程各要素(幼儿教师、学生、教学内容、教学方法和教学环境等)作用的分析和评价，评课是一种艺术。听课与评课是教师相互交流、互相学习，提高教学艺术的有效手段。听课能够促进每个听课者的成长和提高，一个有经验的、训练有素的听课者能有效地记录授课过程，通过观察、记录授课教师及孩子们的学习活动，并结合自己的教学经验进行思考，对课堂活动提出有效的建设性意见。

一、听课的类型

根据听课目的的不同，我们可将听课分为检查型听课、评比型听课、观摩型听课和调研型听课，但在实际教学研究和听课过程中，听同一节课有可能达到几种听课的目的。这就要求我们在听课前做好充分准备，明确听课的目的，做到有的放矢。

(一)检查型听课

检查型听课一般是为了了解幼儿园和教师教育教学情况而进行的听课活动。如督导评估听课、教学常规落实情况的听课等都属于检查型听课的范围。

通过检查型听课活动，要总结经验、发现问题、提出对策，有时候还要拿出具体的总结性意见或报告供领导决策参考。

(二)评比型听课

评比型听课主要是为了对教师做定性评价的听课活动。如评优课、考核课及评优秀学科教师、名教师、特级教师等的听课就是属于这个范畴。

(三)观摩型听课

观摩型听课是为了总结、推广、交流及学习教学经验和方法等而进行的听课活动。包括公开课、示范课、展示课等。

(四)调研型听课

调研型听课是为了研究、探讨有关教育教学问题或了解教学改革实验进展情况而进行的听课活动。研讨课、实验课、调研工作中的听课等就属于这个范畴。

二、评课的原则

客观、真实地去评价一节课是希望教师在教育思想与理念、教学目标、教学内容、教学方法与手段、教学过程、教学管理、教学基本功等方面更加优化，最终促进幼儿园教学质量的提高、教师专业素质的提高、幼儿园教科研水平的提高。因此在评课中应遵循下列原则：

(一)求真原则

本着客观公正、实事求是的精神，借助执教者和与会者共同探讨学习的机会，根据听课的目的，以“优点谈足，缺点抓准”为标准，理论联系实际，强调本节课的亮点、特色，以及要改进的地方，实话实说，使评课具有实际意义。

(二)激励原则

评课的目的之一就是要激励执教者(特别是青年教师)尽快成长，讲究“说话”艺术，掌握心理学，对于成功的方面要积极肯定，对于不足之处要从希望、帮助、促进的角度去探讨。

(三)多样原则

因听课的目的不同，评课的标准也会有所不同，采用的评课形式也会有差异，如检查型听课评课形式可采用个别面谈式、自我评议式、专家会诊式；评比型听课评课可采用陈述答辩式、问卷调查式；观摩型听课评课可采用自我评议式、集中讨论式、师生互评式；研究型听课评课可采用陈述答辩式、问卷调查式、书面评议式等。

第二节　幼儿英语教师听课评课活动的实施与指导

一、听课活动实施与指导

(一)听课前的准备

了解本次听课的主题、授课内容、教学目标、选用教材、学生情况、授课教师情况、授课时间、地点、听课班级水平等相关信息，听课时只有明确了教学目标，了解教学内容的重难点，才能看出授课者教学活动完成情况，确保课后评课的客观与公正，做到有针对性地听课。

(二)听课时的记录

听课记录应反映课堂教学的原貌，是教学指导与评价的依据。应记录如下几个方面：

1. 记录教学环节的设计

听课时要记录每个教学环节教师是怎样安排的，各环节如何控制，完成每一环节的活动和过渡的情况；什么时候幼儿教师引导，什么时候幼儿自主探究，什么时候幼儿合作交流，什么时候幼儿练习展示，什么时候反馈评议，什么时候质疑讨论，什么时候归纳小结，重点看课堂结构的条理性和合理性。

2. 记录重点、难点知识的解决过程

听课时要记录授课教师是怎样用幼儿已有的知识引出新知，如何运用比较、分析、综合等逻辑思维方式帮助幼儿突破重点难点，理解掌握新知识，重点看技巧、方法和效果。

3. 记录教学方法和学习方法

听课时要记录授课教师采用哪些教学方法与幼儿积极互动，幼儿又是如何在教师的引导下学习的，包括教辅及教具的运用。重点看方法的多样性和创新性。

4. 记录听课时的即时想法

听课时要全身心地投入，不仅要观察授课者如何教还要注意观察孩子们的学习过程，以及孩子们的情绪和学习习惯等，边观察，边积极思考，认真分析，随时记录下课堂教学过程中那些让你感到困惑、不解的地方，或者让你感到特别出彩、有亮点的地方，进行标识，作为后面教学交流的依据。

(三)听课后的整理

1. 整理好听课记录

现代科学技术的运用，已经能够完整地记录下课堂实录，我们可以充分利用这一点，更好地整理好听课记录，作为教学研讨、教学资料、专业学习等依据，为提高教学质量服务。

2. 做好课后分析

听过一节课后就应及时进行综合分析，找出这节课的特点和闪光处，总结出一些有规律性的认识。明确对自己有启迪、能学会的有哪几个方面。并针对这节课的实际情况，提出一些建议性的意见与合理性的修改建议，与授课教师进行交流切磋，以达到互助互学的目的。

二、评课活动实施与指导

(一)综合评课法

综合评课法就是评课者对一节课做出全面、系统、综合性的评价。通常是先分析后综合。

1. 从教学目标上分析

教学目标是教学的出发点和归宿，它的正确制定和达成，是衡量一节课好坏的主要尺度。所以，分析课首先要分析教学目标。首先，从教学目标制定来看，要看其是否全面、具体、适宜。全面指一般教学目标的制定从三个维度(情感态度、能力、知识)来确定。具体指知识目标要有量化要求，能力、思想情感目标要有明确要求，体现本次教学活动特点(即在表述时可操作性明显)。适宜指确定的教学目标能以新纲要为指导，符合幼儿的年龄特点和认知规律，关注本年龄段幼儿兴趣点，且难易适度。其次，从目标达成来看，要看教学目标是不是明确地体现在每一活动环节中，教学手段是否紧密地围绕目标，为实现目标服务。

2. 从教学内容上分析

评析一节课的好与坏，不仅要看教学目标的制定和落实是否准确、科学，还要看教师对活动内容的选择是否恰当，是否符合幼儿生活经验水平、认知规律以及心理特点；教师对教学内容理解是否透彻，处理是否准确，即是否合理地调整、重组教学内容，突出了重点，突破了难点，抓住了关键。

3. 从教学过程上分析

主要看教学思路设计符不符合教学内容实际，符不符合幼儿实际，能不能激发兴趣，满足幼儿学习需要；看教学思路的设计是不是有一定的独创性，能不能给幼儿以新鲜、刺激的感受；看教学的层次脉络是不是清晰，由易到难，由浅入深，层层递进；看教学的结构安排是否合理，看教学环节时间分配和衔接是否恰当，要看有没有“前松后紧”或“前紧后松”的现象，要看指导与练习时间搭配是否合理等。还要看幼儿个人活动、小组活动和集体活动时间分配是否合理，有没有集体活动过多，关注个体的时间过少的现象。

4. 从教学方法和手段上分析

分析教师教学方法、教学手段的选择和运用，是评课的又一重要内容。所谓教学方法，就是指教师在教学过程中，为完成教学目的、任务而采取的活动方式的总称。但它不是教师孤立的单一活动方式，它包括教师“教学活动方式”，还包括幼儿在教师指导下“学”的方式，是“教”的方法与“学”的方法的统一。评析教学方法与手段，包括以下几个主要内容：

(1)看是不是量体裁衣、灵活运用。我们知道，教学有法，但无定法，贵在得法。一种好的教学方法总是相对而言，它总是因内容、因学生、因教师自身特点而相应变化的。也就是说教学方法的选择要量体裁衣、灵活运用。

(2)看教学方法的多样化。教学方法最忌单调死板，再好的方法天天照搬，也会令人生厌。教学活动的复杂性决定了教学方法的多样性。所以我们评课，既看教师是否能够面向实际，恰当地选择教学方法，同时还要看教师能否在教学方法多样化上下一番工夫，使课堂教学超凡脱俗，常教常新，富有艺术性。

(3)看教学方法的改革与创新。评析教师的教学方法既要评常规，还要看改革与创新，尤其是评析一些素质好的骨干教师的课。既要看常规，更要看改革和创新。要看活动上的思维训练的设计，要看创新能力的培养，要看幼儿主体性的发挥，要看新的教学理念，还要看独特的教学风格和教师的人格魅力等。

5. 从教学基本功上分析

看教师是否仪表端庄、举止从容、态度热情，师生情感是否融洽；看教师是否语音、语调正确，高低适宜，快慢适度，抑扬顿挫，富于变化，富有感染力；看教师运用教具、多媒体操作熟练程度；看教师课堂组织能力、沟通能力、应变能力等。

最后给出综合评价。

(二)归纳评课法

归纳评课法是对整节课的优缺点做总结归纳，从而找出整节课的优点、缺点。

(三)片段评课法

这种方法即评课者从课堂教学中选取有代表性或典型的教学片段进行评析。这种评析可以按一节课教学进行的顺序，分若干片段进行全程评价，之后再做一个小综合评析。

(四)寻找特点法

单项分析法的目的在于化整为零，化难为易，突出重点。但这种分析法可能评析到执教者的教学特点，也可能评析不到执教者的教学特点。而寻找特点法可能采取综合的，也可能采取单项的方法。它的目的在于千方百计寻找执教者的教学特点或教学风格，即亮点。

案例分析

下面是一个教师的听课及评课记录(前面信息部分略去)：

幼儿园英语教师听课记录表	
教师姓名：　　听课日期：　　听课时间：	
园所：　　班级：　　幼儿人数：	
系列：　　单元：　　课时：　　听课教师：	
具体上课内容：Climb Up，Get Down	
教学内容及流程记录	心得或建议
Warming-up 1. Greeting 2. Sing a Song：*Up and Down*	教师通过与幼儿的问候、唱英语歌，拉近了师生关系，使幼儿很快进入英语学习状态。
Presentation Watch the video 教师左手拿一支笔，右手做出顺竿向上爬的动作，向下移，并发指令“Climb up，get down”。	借助多媒体直接呈现所学的内容，生动有趣，学生初步感知新知。教师通过直观的教具和肢体语言，使学生理解指令“Climb up，get down”。
Practice 1. I say you do 2. I do you say 3. You say I do 4. Play a game	教师借助简笔画，在黑板上画了一个滑滑梯，教师发指令，学生做，教师做动作，学生说，学生说，教师做，操练阶段活动由简到难，符合幼儿认知规律，通过语速的变化，增强趣味性。击鼓传花游戏让学生再次巩固。
Production Do the action on the playground.	将幼儿带到操场，组织幼儿玩攀登架，边爬边说指令。真实生活中的运用，提高了幼儿对英语的兴趣。
Wrap-up	整节课幼儿都沉浸在游戏活动中，感受到了集体活动的乐趣，能听懂教师发出的指令“Climb up，get down”。不足：户外活动时，幼儿沉浸在攀登架的玩耍中，完全没有理会教师的指令。

第三节　幼儿英语教师听课评课活动实训项目

到幼儿园听课，完成听课评课记录。

实训目的：

能够独立完成听课评课的记录过程，并根据教学研讨的具体要求，完成听课记录。

实训要求：

1. 记录完整。
2. 有点评。
3. 有综合评价。

<table>
<tr><th colspan="4">幼儿园英语教师听课记录表</th></tr>
<tr><td colspan="2">教师姓名：</td><td>听课日期：</td><td>听课时间：</td></tr>
<tr><td colspan="2">园所：</td><td>班级：</td><td>幼儿人数：</td></tr>
<tr><td>系列：</td><td>单元：</td><td>课时：</td><td>听课教师：</td></tr>
<tr><td colspan="4">具体上课内容：</td></tr>
<tr><td colspan="2">教学内容及流程记录</td><td colspan="2">心得或建议</td></tr>
<tr><td colspan="2">Warming-up</td><td colspan="2"></td></tr>
<tr><td colspan="2">Presentation</td><td colspan="2"></td></tr>
<tr><td colspan="2">Practice</td><td colspan="2"></td></tr>
<tr><td colspan="2">Production</td><td colspan="2"></td></tr>
<tr><td colspan="2">Wrap-up</td><td colspan="2"></td></tr>
</table>

附：幼儿英语学科课堂教学评价表

教师		学校		班级		时间	
课题				课型		课时	
评价项目	评价内容和要求	权重分数	评价等级及结果				
			A	B	C	D	得分
学习目标	教学目标制定清晰明确，符合幼儿年龄特点。	10	10	8	6	4	
内容安排	认真分析教材，根据学生实际灵活处理教材内容。	20	5	4	3	2	
	内容安排适当，各部分结构合理；重、难点突出。		5	4	3	2	
	面向全体幼儿，体现因材施教，尊重学生个体差异。		5	4	3	2	
	关注本学科与其他学科之间的联系。		5	4	3	2	
方法手段	以灵活多样的方式创设情景，开展交际化教学。	30	6	4	3	2	
	活动形式生动活泼，符合学生的特点，学生的兴趣和积极性得到充分调动。		6	4	3	2	
	以幼儿为主体，语言实践广泛，幼儿乐于参加活动。		6	4	3	2	
	注重了幼儿的多元智能开发及全面发展。		6	4	3	2	
	充分利用现代信息技术，拓宽学生学习渠道。		6	4	3	2	
基本功与特色	能熟练地用英语组织教学，语音、语调正确，语速适当，语言流畅。	25	5	4	3	2	
	教学理念新，教学活动符合语言的学习规律和幼儿的认知规律。		5	4	3	2	
	专业基础坚实，相关学科的知识面宽，驾驭课堂的能力强。		5	4	3	2	
	教学设计有创新，有自己的特色。		5	4	3	2	
	熟练运用信息技术；板书合理，书写工整、规范；简笔画形象、适用。		5	4	3	2	
学习效果	按时完成教学任务，达到了预期目标和要求。	15	4	3	2	1	
	课堂气氛活跃，幼儿兴趣和积极性得到了充分调动。		4	3	2	1	
	各层次的幼儿均有所提高，语言技能、实践能力得到有效培养。		4	3	2	1	
	师生感情融洽，教学受学生普遍欢迎。		3	2	1	0	
综合评价							总分

评课人：

附录一　幼儿教师日常英语口语

I. Reception 入园接待

1. Hi! / Hello! 你好!
2. Good morning. 早上好。
3. Hello, nice to meet you. / Nice to see you. 你好，很高兴见到你。
4. How are you? I am fine, thank you. 你好吗？我很好，谢谢。
5. Please say bye-bye to your mummy / daddy. 请和妈妈/爸爸说再见。
6. Come in, please. 请进。
7. Come on. / Come here, please. 请过来。
8. Take off your coat. 脱掉外套。
9. Don't cry. Be good. 别哭，乖乖的。
10. Why are you late? 你为何来晚了？

II. Class Activity 课堂活动

1. Are you ready? 准备好了吗？
2. Let's start. 让我们开始。
3. Who can tell me? / Who can answer me? 谁能告诉我？/谁能回答？
4. Look at me. 看着我。
5. Look at the blackboard. 看黑板。
6. Be quiet. / Keep quiet. 保持安静。
7. Sit well. / Sit nicely. 坐好。
8. Put up your hand. / Put down your hand. 把手举起来。/ 把手放下。
9. Stop talking. 别说话。
10. Is that clear? / Do you understand? 清楚了吗？/你明白吗？
11. Read with me. 和我一起读。
12. Return to your seat. 回座位。
13. Stand up. / Sit down. 起立。/ 坐下。
14. Listen carefully. 仔细听。

15. Listen to me. / Listen to the music. 听我说。/ 听音乐。
16. Say it in English. 用英语说。
17. Do you know? 你知道吗?
18. Let's play a game. 让我们来做游戏。
19. Let's write / draw something. 让我们来写写/画画。
20. Let's dancing / singing. 让我们来跳舞/唱歌。
21. Let's listen to a story. 让我们听个故事。
22. Let's listen to the tape. 让我们听磁带。
23. Let's watch TV / a play. 让我们看电视 / 看表演。
24. Let's say it together. 让我们一起说。
25. What did you hear? 你听到什么了?
26. Who has finished? 谁做完了?
27. Who wants to try? 谁想试试?
28. How do you know? 你怎么知道的?
29. Which one do you like? 你喜欢哪一个?
30. Put your hands on your knees. 把手放在膝盖上。
31. Attention. 注意。
32. You are right. 你是正确的。
33. You are so good! 你真棒!
34. Paint it in red. 把它涂成红色。
35. Open / Close your book, please. 打开/ 合上你的书。
36. Don't be afraid / shy. 别害怕 / 害羞。
37. Louder, please. 请大点声。
38. I will divide you into two teams. 我将把你们分成两组。
39. One point for Group A. A 组得一分。
40. Look at the picture, what can you see? 看图,你能看到什么?

III. Outdoor Activity 户外活动

1. It's time for morning exercises. 早操时间到了。
2. Let's go out / outside. 让我们到室外去。
3. Let's go downstairs. 让我们到楼下去。
4. Let's play on the ground. 让我们去操场上玩。
5. Line up. 排队。
6. Two lines. 两条队。
7. At ease! / Attention. / Eyes front. / Hands down. 稍息。/ 立正。/ 向前看。/ 手放下。

8. Let's go. 让我们走。

9. Stop. 停。

10. Count off. 报数。

11. Hurry up. 快点。

12. Be careful. 小心。

13. One by one. 一个接着一个。

14. Be slowly, take it easy. 慢点，别着急。

15. Don't move. 别动。

16. Turn right/left. 向右/左转。

17. Hand in hand. 手拉手。

18. Make a circle. 围一个圈。

19. Jump on one foot. 单脚跳。

20. Fall in. / Fall out. 集合。/ 解散。

21. Run. 跑。

22. Come on! 加油!

23. You are the winner. 你是胜利者。

24. You are the first. 你是第一名。

25. Are you tired? / Let's have a rest. 你累了吗? / 让我们休息一下。

26. Let's go back to the classroom. 让我们回教室。

27. Don't push other people / children. 别推别人。/ 别推别的小朋友。

28. Stop pushing. 不许推搡。

29. Try again! 再试一次!

30. That's it! Keep going! 就这样，继续!

IV. Washing and Eating 清洗和进餐

1. Use soap to wash your hands. 用香皂洗手。

2. Dry your hands with your towel. 用毛巾把手擦干。

3. Please go to the toilet / bathroom. 去洗手间。

4. Turn the tap off, when you have washed your hands. 洗完手后，把水龙头关了。

5. Show me your hands, are they clean / dirty? 让我看看你的手干净了吗? / 脏吗?

6. Are you thirsty? / Are you hungry? 你渴吗? / 你饿吗?

7. Please take your cup. 请拿你的杯子。

8. Have some water. 喝点水。

9. It's time for lunch. 午饭时间到了。

10. Don't spill your foods on the table. 别把你的食物洒在桌子上。

11. Please finish it. 把它吃完。

12. Would you like some rice or soup? 你想要一些米饭还是汤?
13. Do you want more? 你要加一些吗?
14. Eat a little more. 再多吃一点。
15. Don't play with your foods. 别玩食物。
16. Are you full? 饱了吗?
17. Wipe your mouth. 擦嘴。
18. Rinse out your mouth. 漱口。
19. Please keep the table clean. 请保持桌面干净。
20. Is it delicious? 它好吃吗?

V. Sleeping and Tea Time 午睡和午点

1. It's bed time. 午睡时间到了。
2. Take off your clothes / coat / trousers / shoes. 脱衣服 / 外套 / 裤子 / 鞋。
3. Fold up your clothes / coat / trousers / shoes. 叠好衣服 / 外套 / 裤子 /放好鞋。
4. Go to sleep. 睡觉。
5. Close your eyes. 闭眼。
6. Cover yourself up. 盖好被子。
7. Put your hands into the quilt. 把手放进被子里。
8. Wake up. / Get up. 醒醒。/ 起来。
9. Put on your clothes. 穿衣服。
10. Dress yourself. 自己穿衣服。

VI. Praise, Apology 表扬，道歉

1. You are clever! 你真聪明!
2. You are good! 你真棒!
3. Great! / Good! / OK! 好!
4. Wonderful! 太棒了!
5. Very nice! 非常好!
6. How beautiful! 多美呀!
7. How funny! 多有趣呀!
8. Wow! It's so nice! 哇! 它太好了!
9. You are so sweet. 你是非常可爱的。
10. You look very smart. 你看起来非常聪明。
11. I am sorry. 对不起。
12. Never mind. 没关系。

VII. Good Wish 祝福

1. I wish you a Happy New Year! 我祝你新年快乐!
2. I wish you a Merry Christmas! 我祝你圣诞快乐!
3. Happy New Year! 新年快乐!
4. Happy Birthday! 生日快乐!
5. Merry Christmas! 圣诞快乐!

VIII. Go Home 离园

1. Don't forget your bag/coat. 别忘记你的包/外套。
2. Put on your coat. 穿上你的外套。
3. See you tomorrow! 明天见!
4. See you next week! 下周见!

附录二　经典英文歌曲学唱

If You Are Happy

The More We Get Together

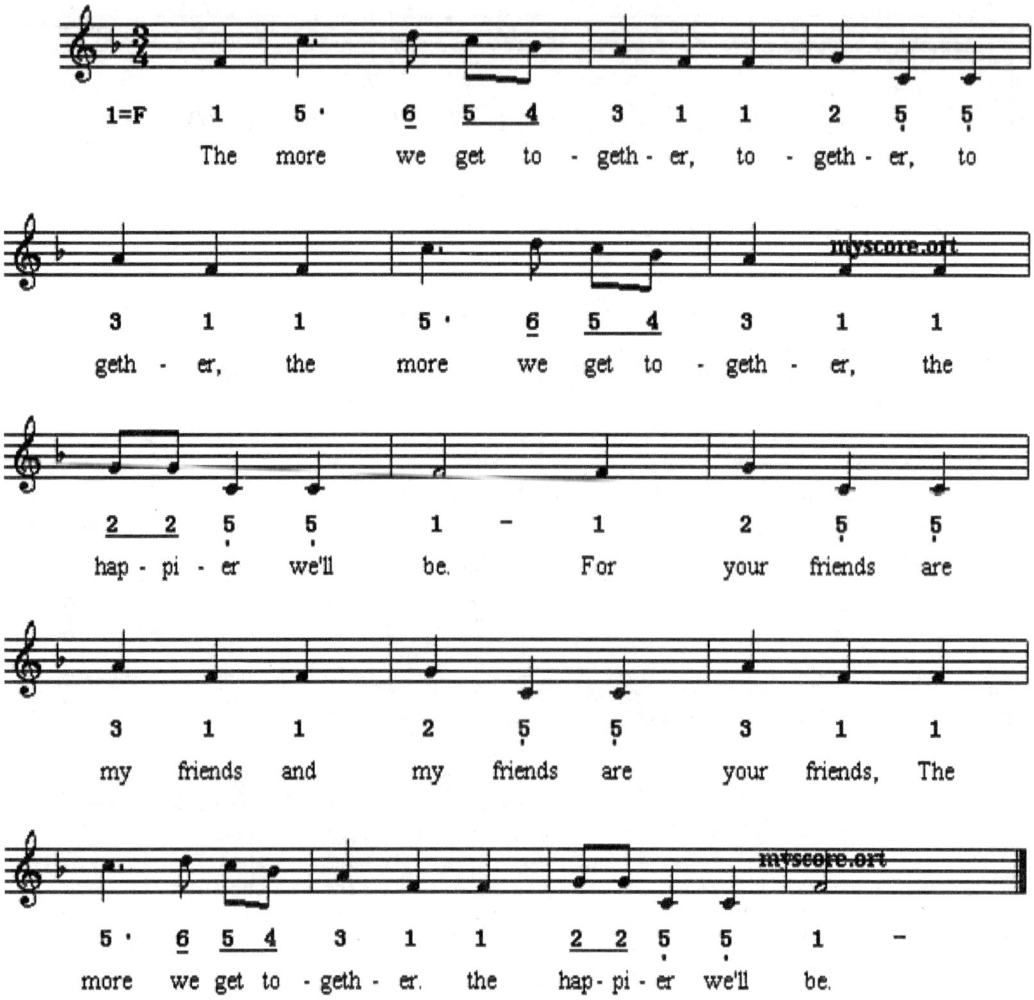

London Bridge Is Falling Down

Old Macdonald Had a Farm

Edelweiss

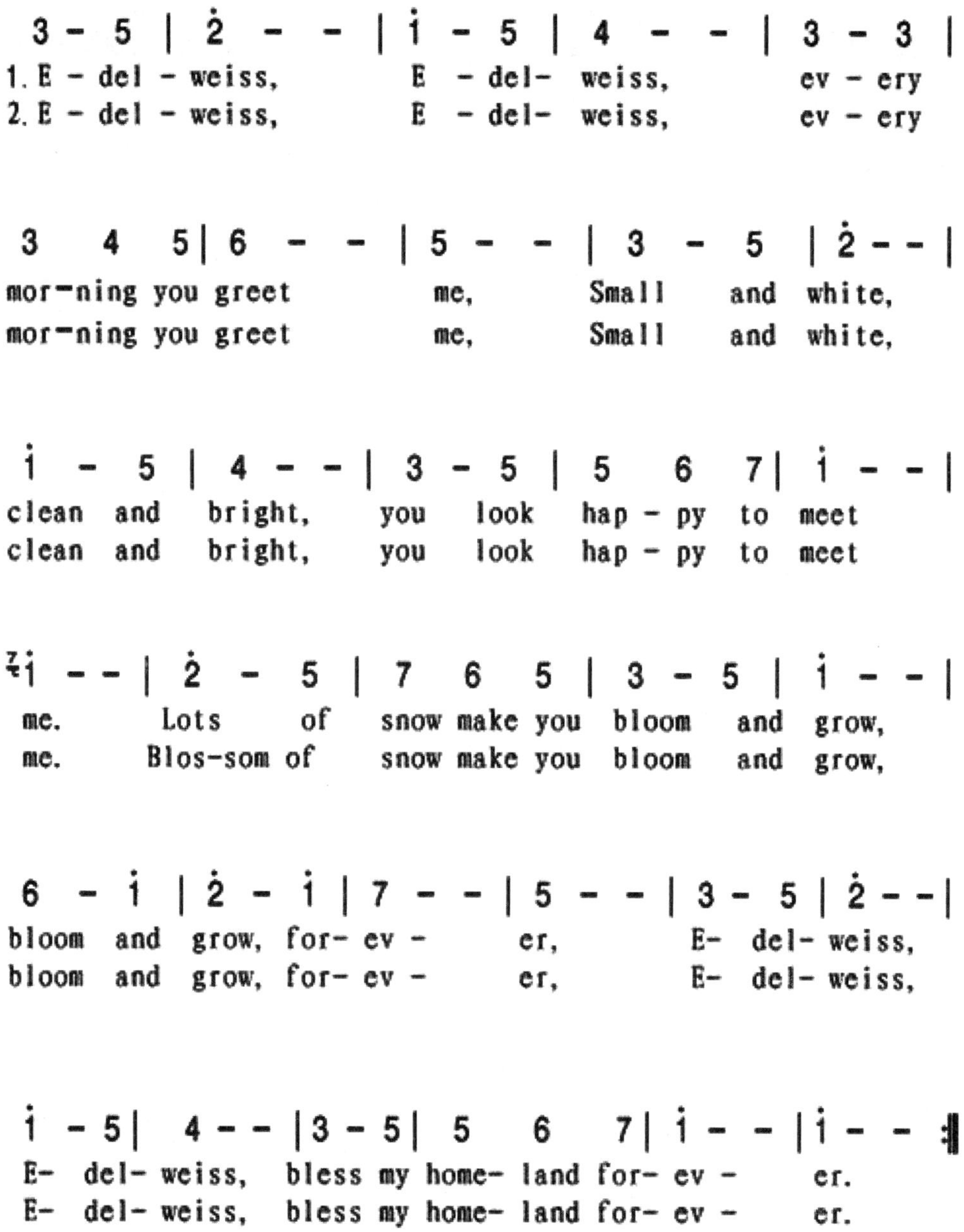
1. E - del - weiss, E - del- weiss, ev - ery
2. E - del - weiss, E - del- weiss, ev - ery
mor-ning you greet me, Small and white,
mor-ning you greet me, Small and white,
clean and bright, you look hap - py to meet
clean and bright, you look hap - py to meet
me. Lots of snow make you bloom and grow,
me. Blos-som of snow make you bloom and grow,
bloom and grow, for- ev - er, E- del- weiss,
bloom and grow, for- ev - er, E- del- weiss,
E- del- weiss, bless my home- land for- ev - er.
E- del- weiss, bless my home- land for- ev - er.

Bingo

Row, Row, Row Your Boat

1=D $\frac{2}{4}$

1 1 | 1 · 2 3 | 3 · 2 3 · 4 |

1. Row, row, row your boat Gen- tly down the

2. Chew, chew chew your bread Gen- tly thru your

5 5 | 1̇ 1̇ 1̇ 5 5 5 | 3 3 3 1 1 1 |

stream mer-ri- ly, mer-ri- ly, mer-ri-ly, mer-ri-ly,

meal, The more you laugh The less you eat the

5 · 4 3 · 2 | 1 – ‖

Life is in- terest- ing.

bet- ter you will feel.

Twinkle, Twinkle, Little Star

Are You Sleeping?

Do-Re-Mi

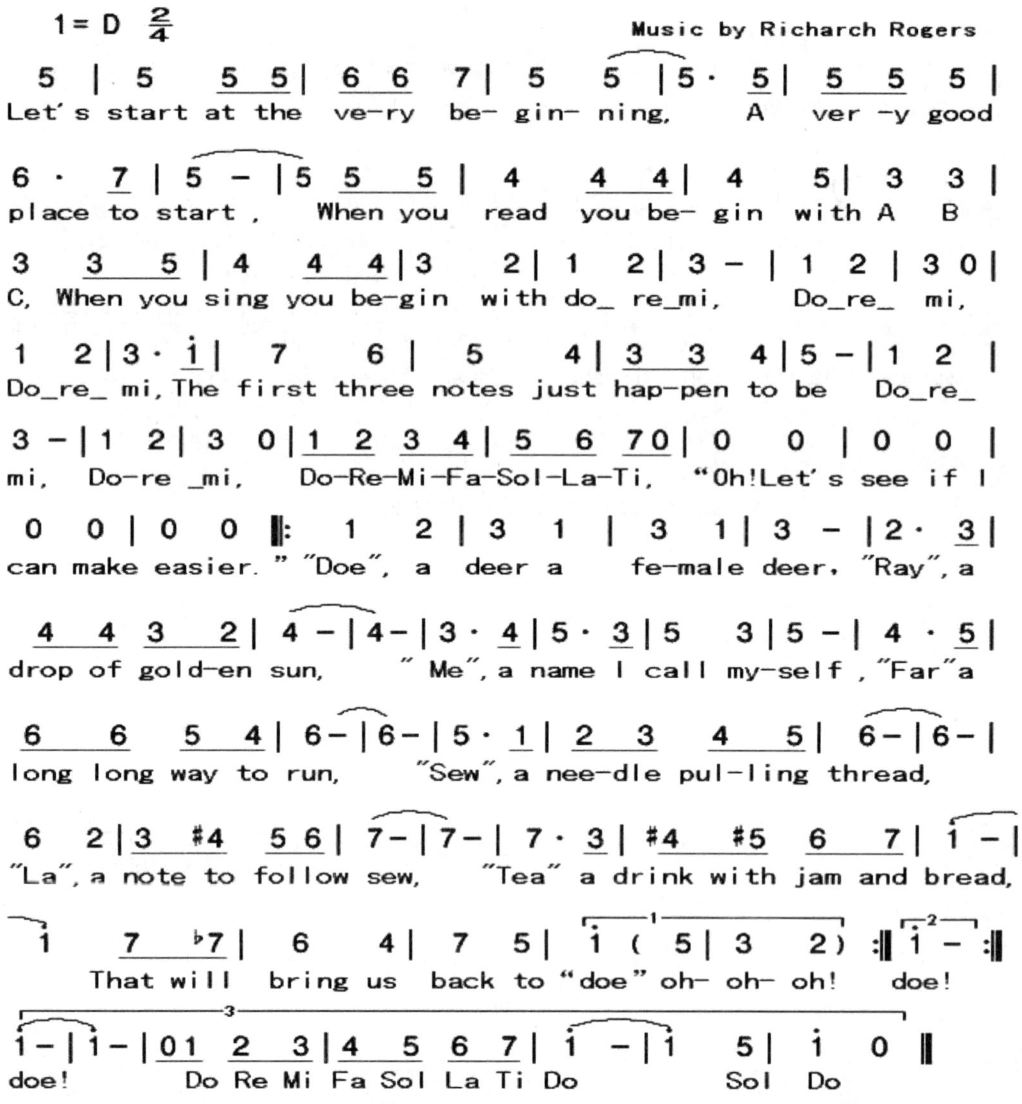

（来源：中国简谱网，www.cnjpw.net）

附录三　50 本英文原版绘本书单推荐

1. ***Where the Wild Things Are*** **By Maurice Sendak** (1963)
   《野兽出没的地方》 作者:[美]莫瑞斯·桑达克
2. ***Goodnight Moon*** **By Margaret Wise Brown**(1947)
   《晚安,月亮》 作者:[美]玛格丽特·怀兹·布朗
3. ***The Very Hungry Caterpillar*** **By Eric Carle**(1979)
   《好饿好饿的毛毛虫》 作者:[美]埃里克·卡尔
4. ***The Snowy Day*** **By Ezra Jack Keats**(1962)
   《下雪天》 作者:[美]艾兹拉·杰克·季兹
5. ***Don't Let the Pigeon Drive the Bus*** **By Mo Willems** (2003)
   《别让鸽子开巴士》 作者:[美]莫·威廉斯
6. ***Make Way for Ducklings*** **By Robert McCloskey** (1941)
   《让路给小鸭子》 作者:[美]罗伯特·麦克洛斯基
7. ***Harold and the Purple Crayon*** **By Crockett Johnson** (1955)
   《阿罗有支彩色笔》 作者:[美]克罗格特·约翰逊
8. ***Madeline*** **By Ludwig Bemelmans**(1939)
   《玛德琳》 作者:[美]路德维格·贝梅尔曼斯
9. ***Millions of Cats*** **By Wanda Gag**(1928)
   《100 万只猫》 作者:[美]婉达·盖格
10. ***Knuffle Bunny*** **By Mo Willems**(2004)
    《古纳什小兔》 作者:[美]莫·威廉斯
11. ***The Story of Ferdinand*** **By Monroe Leaf** (1936)
    《爱花的牛》 作者:[美]曼罗·里夫
12. ***Good Night Gorilla*** **By Peggy Rathmann**(1994)
    《晚安,大猩猩》 作者:[美]佩吉·拉特曼
13. ***Blueberries for Sal*** **By Robert McCloskey**(1948)
    《小塞尔采蓝莓》 作者:[美]罗伯特·麦克洛斯基
14. ***The True Story of the Three Little Pigs*** **By Jon Scieszka**(1996)

《三只小猪的真实故事》　作者:[美]乔恩·谢斯卡

15. ***Lilly's Purple Plastic Purse***　**By Kevin Henkes** (1996)
《莉莉的紫色小皮包》　作者:[美]凯文·亨克斯

16. ***Owl Moon***　**By Jane Yolen**(1987)
《月下看猫头鹰》　作者:[美]珍·尤伦文

17. ***Miss Rumphius***　**By Barbara Cooney**(1982)
《花婆婆》　作者:[美]芭芭拉·库尼

18. ***George and Martha***　**By James Marshall**(1972)
《乔治与马莎》　作者:[美]詹姆斯·马歇尔

19. ***Bread and Jam for Frances***　**By Russell Hoban** (1964)
《弗朗西丝的面包和果酱》　作者:[美]拉塞尔·赫班

20. ***The Little House***　**By Virginia Lee Burton**(1942)
《小房子》　作者:[美]维吉尼亚·李·伯顿

21. ***Corduroy***　**By Donald Freeman**(1976)
《小熊可可》　作者:[美]唐·弗里曼

22. ***Brown, Bear, Brown Bear, What Do You See?***　**By Bill Martin Jr.** (1967)
《棕色的熊,棕色的熊,你在看什么》　作者:[美]比尔·马丁

23. ***No, David***　**By David Shannon**(1998)
《大卫,不可以》　作者:[美]大卫·香农

24. ***Click Clack Moo, Cows That Type***　**By Doreen Cronin**(2000)
《嘻哈农场》　作者:[美]朵琳·克罗宁

25. ***Olivia***　**By Ian Falconer**(2000)
《奥莉薇》　作者:[美]伊恩·福尔克纳

26. ***Stinky Cheese Man and Other Fairly Stupid Tales***　**By Jon Scieszka**(1992)
《臭起司小子爆笑故事大集合》　作者:[美]约翰·席斯卡

27. ***Eloise***　**By Kay Thompson** (1955)
《小艾来了》系列丛书　作者:[美]凯·汤普森

28. ***Harry the Dirty Dog***　**By Gene Zion**(1956)
《好脏的哈利》　作者:[美]吉恩·蔡恩

29. ***The Napping House***　**By Audrey Wood**(1984)
《打磕睡的房子》　作者:[美]奥黛丽·伍德

30. ***Mike Mulligan and His Steam Shovel***　**By Virginia Lee Burton** (1939)
《迈克·马力甘和他的蒸汽挖土机》　作者:[美]维吉尼亚·李·波顿

31. *Curious George* **By H.A. Rey**(1941)
《好奇的乔治》 作者:[美]H.A.雷

32. *Tuesday* **By David Wiesner**(1991)
《疯狂星期二》 作者:[美]大卫·威斯纳

33. *The Polar Express* **By Chris Van Allsburg**(1985)
《极地特快》 作者:[美]克里斯·范·奥尔斯伯格

34. *Scaredy Squirrel* **By Melanie Watt**(2006)
《小嘀咕的幸福生活》 作者:[加]梅兰尼·瓦特

35. *If You Give a Mouse a Cookie* **By Laura Joffe Numeroff**(1985)
《要是你给老鼠吃饼干》 作者:[美]劳拉·乔飞·努梅罗夫

36. *King Bidgood is in the Bathtub* **By Audrey Wood** (1985)
《澡缸里的国王》 作者:[美]奥黛丽·伍德

37. *The Snowman* **By Raymond Briggs**(1978)
《雪人》 作者:[英]雷蒙德·布里格斯

38. *The Three Pigs* **By David Wiesner**(2001)
《三只小猪》 作者:[美]大卫·威斯纳

39. *The Little Engine That Could* **By Watty Piper** (1961)
《小火车头做到了》 作者:[美]华蒂·派尔浦

40. *Frederick* **By Leo Lionni**(1967)
《田鼠阿佛》 作者:[美]李欧·李奥尼

41. *Diary of a Worm* **By Doreen Cronin** (2003)
《蚯蚓的日记》 作者:[美]朵琳·克罗宁

42. *Flotsam* **By David Wiesner**(2006)
《海底来的秘密》 作者:[美]大卫·威斯纳

43. *Why Mosquitoes Buzz in People's Ears* **By Verna Aardema** (1975)
《为什么蚊子老在人们耳边嗡嗡叫》 作者:[美]弗娜·阿尔德玛

44. *The Story About Ping* **By Marjorie Flack**(1933)
《小鸭子历险记》 作者:[美]玛乔丽·弗拉克

45. *Officer Buckle and Gloria* **By Peggy Rathmann**(1995)
《警官巴克尔和警犬葛芮雅》 作者:[美]佩吉·拉特曼

46. *Little Blue and Little Yellow* **By Leo Lionni**(1959)
《小蓝和小黄》 作者:[美]李欧·李奥尼

47. *The Paper Bag Princess* **By Robert Munsch** (1980)
《纸袋公主》 作者:[美]罗伯特·蒙施

48. *Runaway Bunny* **By Margaret Wise Brown**(1942)

《逃家小兔》 作者:[美]玛格丽特·怀兹·布朗

49. ***Swimmy*** **By Leo Lionni** (1963)

《小黑鱼》 作者:[美]李欧·李奥尼

50.***Kitten's First Full Moon*** **By Kevin Henkes**(2004)

《小猫咪追月亮》 作者:[美]凯文·汉克斯

附录四　优秀儿童英语网站推荐

1. Seussville

http://www.seussville.com/

网站特色:苏斯博士,相信每个人都喜欢……这个网站充满了互动游戏、活动,了解苏斯博士的故事从这里开始。

2. Sesame Street

http://www.sesamestreet.org/

网站特色:芝麻街有各种各样的活动,帮助学生学习基本技能,如计算、造句、认识不同的形状和对象等。

3. FunFonix

http://www.funfonix.com/

网站特色:FunFonix 有多种在线语音游戏。可定制 Worksheet。

4. Phonics Student Online Components

http://www.sadlier-oxford.com/phonics/student.cfm

网站特色:有很多 PreK-6 grade-appropriate 在线游戏和活动。

5. Alphabet Zoo

http://www.sadlier-oxford.com/phonics/grade_k_1/zoo_a/zoo1x.htm

网站特色:一个有趣的互动游戏,适合较小的小学生学习如何匹配大小写字母。

6. Starfall

http://www.starfall.com/

网站特色:非常优秀的 phonics 学习网站,适合有一定英语基础开始学 phonics 的孩子使用。网站上很多的游戏,包含了教学(教孩子读音……)和练习游戏(帮助孩子掌握)。可以说是目前网上最好的免费 phonics 学习网站。

7. Grammar Ninja Game

http://www.kwarp.com/portfolio/grammarninja.html

网站特色:有趣的游戏可以帮助孩子学习不同的语法。有三个级别的难度可选择。

8. Scholastic Graphic Organizers for Reading Comprehension

http://www.scholastic.com/teachers/lesson-plan/graphic-organizers-reading-comprehension

网站特色:学乐网站,帮助孩子的阅读评估、阅读理解、课程开发等。

9. ReadWriteThink

http://www.readwritethink.org/

网站特色:ReadWriteThink 是一个全面的课堂资源的集合网。它包括可搜索的教案、学生互动活动,还有适合孩子的诗歌、漫画、报纸等。

10. ManyThings

http://www.manythings.org/

网站特色:这个网站是一个很好的资源,不管是英语教师还是学生。它有一个广泛的拼写游戏和活动的集合,非常适合非英语母语人士。

11. Forvo

http://zh.forvo.com/

网站特色:Forvo 是世界上最大的发音字典。对 ESL 学生非常有价值,因为他们可以查找任何单词,听发音地道的英语。

12. LitPick

http://zh.forvo.com/

网站特色:这个很棒的网站能让孩子阅读和在线查找免费电子图书。适合 4~12 年级的孩子。

13. Storybird

http://storybird.com/

网站特色:Storybird 是可以自制书籍的网站。你可以和朋友们一起做志同道合的事情。

14. Creative Writing Prompts

http://www.creativewritingprompts.com/

网站特色:当孩子需要灵感,这个网站就是要去的地方。这里有功能超过 300 多个的详细的创意写作提示。你还可以使用写作提示来热身。允许孩子编写和发布故事。对教师和学生而言,是用电脑进行创意写作的完美地方。

15. http://pbskids.org/

网站特色:是美国公共电视网 PBS (Public Broadcasting Service)的一个儿童类节目网站,节目的目标人群为 2~12 岁的儿童,是一类非商业性质的节目,内容涵盖儿童游戏、父母指南、儿童实验室等。

16. http://www.kizclub.com

网站特色:这是一个英文学习启蒙网站,有字母、发音、基础单词、小故事、连环画、学习游戏等格式各样的学习卡片,都是 PDF 格式,可以下载打印出来使用。对于提高宝宝英文学习兴趣很有帮助。

17. http://www.nickjr.com/

网站特色:美国最受欢迎儿童频道,代表作品有《蓝色斑点狗》(*Blue's Clues*)、《爱探险的多拉》(*Dora the Explorer*)等。这个网站有很多专为学前儿童制作的动画片、游戏、活动等,画质精美,内容简单。

18. http://learnenglishkids.britishcouncil.org/en/

网站特色:这是由英国文化协会专门为少儿设立的英语学习网站。其中最值得推荐的是 Read a story 单元,这里有几百篇图文并茂的长短故事,每一篇故事都有英式发音,看完后还能做课后练习;无论是游戏、歌曲、听读单元只需点击进入,都有相应的图文和发音;Listen and write 单元的 write away 部分让小朋友自己编故事,熟练运用故事的五元素。网站上的内容几乎涵盖了英语学习的各个方面,如阅读、写作、语法等,既权威又有趣。

19. http://www.tlsbooks.com/

网站特色:这个网站包含了美国孩子从 Preschool 到 Grade 6 全部的习题册,不只是英文,还有历史、数学、音乐、科学等学科。既可以按照年龄,也可以按照主题或者科目搜索。更难得的是,全部习题册都是免费下载的。国内的孩子不只可以用这些习题来学习英语,还可以练习用英语学习其他学科。

20. http://www.rong-chang.com

网站特色:这是由华人学者创建并编写的英文学习网站,网站有中英两个版本,包括了大量在线学习资料,适合各个年龄和水平的孩子学习。网站界面不是特别精致,但架构比较符合中国人的使用习惯。网站上有几百篇短篇故事,配有真人发音。语句简单,适合初学英语的孩子练习阅读和听力。

21. http://www.funbrain.com/

网站特色:这是著名教育出版商培生集团旗下的趣味英文学习网站,专为美国幼儿园至 8 年级学生设计,内容涵盖英语阅读和数学,按照年龄分类,提供了丰富的阅读材料、练习和游戏活动。阅读部分比较像连载的漫画书,对于中国的孩子来说,难度可能稍大,但是内容很有意思。数学部分是用游戏的形式学习的,也推荐孩子们来玩玩看。

22. http://www.timeforkids.com/

网站特色:美国《时代》杂志的儿童版网站,内容涉及世界各国时事新闻,并依据年龄分为 K1(5~7 岁)、G2-3(7~10 岁)、G4-6(10~12 岁),孩子根据自己的英文程度与喜好阅读全世界最新鲜的分类资讯,阅读后还可以做理解测试。是极好的学英文、看世界的平台。

23. http://www.americaslibrary.gov/

网站特色:这个网站是由美国国会图书馆建立的,用故事的形式介绍了美国著名人物、历史、地理概况等。介绍并不长,词汇也不算难。每个专题下面都有更多相关的故事值得去探索,特别推荐给对美国人文历史感兴趣的孩子。

24. http://www.highlightskids.com/

网站特色:*Highlights* 是美国有 70 年历史的著名儿童杂志,杂志主要为孩子提供基本生活常识、创造力培养和推理能力锻炼,美国历任总统包括奥巴马总统都曾是杂志的忠实读者。杂志有三个版本,分别适合 0~2 岁、2~6 岁和 6~12 岁。网站上的内容分为三部分:阅读、游戏和手工。配有 Flash 动画和精美插图,是孩子喜欢的风格。

25. http://www.bbc.co.uk/bitesize/ks1/literacy/

网站特色:Bitesize 的内容更丰富,从自然拼读、韵律、拼写,到词性、句法都有。每个板块的难度分为不同等级,从一年级到六年级都有适用的内容。这个网站的内容比较专业,有很多详细的文法教材和资料,就像在读文法参考书,并得到练习的机会,还能通过新的单词、英文游戏和测验题练习来培养听力和写作技巧。这个网站主要推荐给教师教学,或作为家长辅导的材料。

26. http://www.usingenglish.com/

网站特色:特别推荐给教师使用,有一个专门的板块是为教师提供教学资料的,有各种教材和练习纸,1000 多份资料可供免费下载。

27. http://www.englishgrammar.org/

网站特色:EnglishGrammar.org 是美国的一位英文教师 Jennifer Frost 创立的,在国外很受欢迎,可以说是非常好用的文法网站之一。Jennifer 根据自己的多年教学经验写成了很多英文文法教材,很适合初学者或进阶学习者使用。而且,网站上的 PDF 资料可以全部免费下载。

参考文献

1. 杨文. 学前儿童英语教育[M].北京:科学出版社,2010.
2. 张荣斌.儿童英语教学技能[M].北京:对外经济贸易大学出版社,2008.
3. 王笃勤.小学英语教学策略[M].北京:北京师范大学出版社,2012.
4. 高敬.亿童幼儿英语[M].武汉:湖北美术出版社,2013.
5. 赵国忠.英语教学最需要什么[M].南京:南京大学出版社,2011.
6. 肖惜.英语教师职业技能训练简明教程[M].北京:高等教育出版社,2011.
7. 鲁子问.新编英语教学论[M].上海:华东师范大学出版社,2005.
8. 付丽萍,杨进. 小学英语教师素养[M].武汉:武汉大学出版社,2008.
9. 顾日国.*English Language Teaching Methodology*[M].北京:外语教学与研究出版社,1998.
10. 百度文库.http://wenku.baidu.com.
11. 中国幼儿教师网.http://www.yejs.com.cn.
12. 苗苗简笔画网.http://www.jianbihua.org.
13. 中国简谱网.www.cnjpw.net.
14. http://learnenglishkids.britishcouncil.org.